BEAUTY

IS

美人は
「習慣」で
作られる

MADE

メンタルコーチ
ワタナベ薫

OF

NVIRO

MENT

「習慣」には、
自分と人生を
変える力があります。
なぜなら、行動は
習慣によって
支配されているから。

そんな小さなことで人生が
変わるわけがないと思われますか？

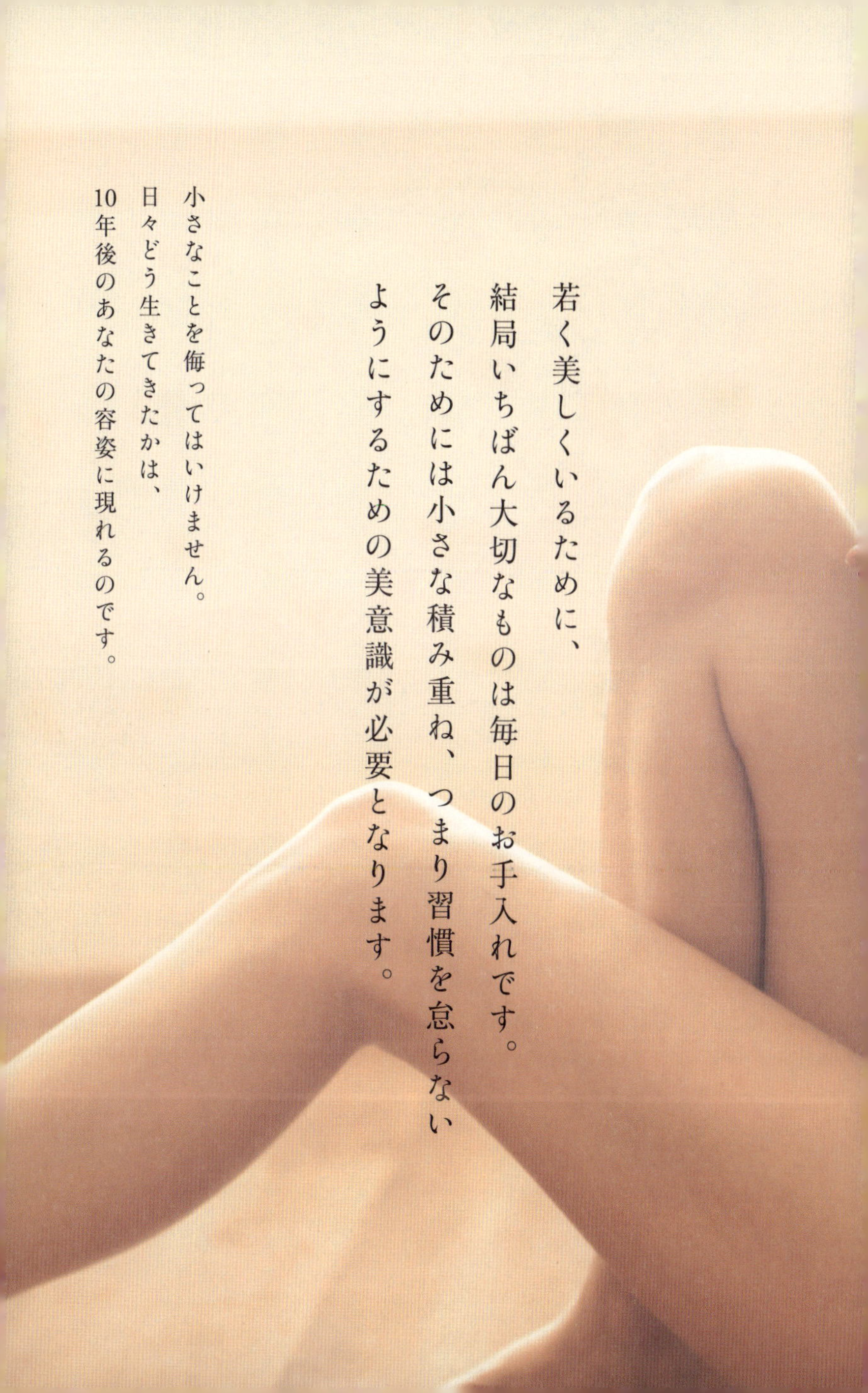

若く美しくいるために、
結局いちばん大切なものは毎日のお手入れです。
そのためには小さな積み重ね、つまり習慣を怠らない
ようにするための美意識が必要となります。

小さなことを侮ってはいけません。
日々どう生きてきたかは、
10年後のあなたの容姿に現れるのです。

まずは、
自分を愛することから
始めましょう。
自分を愛すれば
自分を大切にすることができ、
そのカラダに手をかけて
あげたいと思います。

そうなれば、自然に少しずつ
カラダから幸せオーラが発せられるはず。
オーラは目に見えなくても
人は無意識に感じ取るもので、
相手に好印象を与えます。

いつの間にか、
あなたの周りには
人が集まってくるように
なるでしょう。
それが、
愛され続けている女《ひと》の
証なのです。

誰でも愛され続ける女《ひと》に
なる力を持っています。
だって、女性はみんな
ダイヤモンドだから。

美しさを意識すればするほど、
日々長所を磨けば磨くほど、
あなたの美しさはみるみる
引き出されていきます。

今のあなたの毎日に、
本書で紹介する
「ひと手間」を新しく
かけてあげましょう。

はじめに

初めまして。ワタナベ薫と申します。この本を手に取っていただきましてありがとうございました。本文に入る前にちょっとだけ自己紹介をさせてください。

私は、2006年から「美人になる方法」という内面と外面の両方から美しくなる方法をブログで発信して約8年経ちます。

ブログランキングでは8年連続1位ですが、これは自慢でも何でもなく、〝美〟に興味を持っている女性たちが本当に多いということの現れです。読者は増え続け、今では1日約9万アクセスのブログとなりました。

〝本当の美しさ〟というのは、内面からの美しさが外見に反映されていき、外見の美しさが内面に反映されていく、という相互作用があるものです。今まで発信してきた中から「美意識」と「美容習慣」についての内容を、このたび、一冊の本にまとめました。

「美人になる方法」という大それた名前のブログを書いている私ですが、何も自分に自信があったから始めたわけではありません。私自身は、美容情報を提供するには説得力がない、とずっと思っていました。私は、モデル体形でもなければ、身長も１５６センチと低く小柄なほうですし、特にスタイルがいいわけでもなく、貧乳で、ウエストはそれなりにあるのにヒップまわりは細い。つまりドラム缶体形、そう、ドラえもんを細くした感じの体形なのです。

しかし、こんな私でも、魅せ方ひとつで、まったく違った自分を演出できることがわかりました。そして美しくあるためには「バランス」が大事だということに気づいたのです。また、私のコーチングのクライアントさんの中でも、自分の外見に意識を向けた途端、痩せたり、ファッションセンスがよくなったり、お肌が綺麗になったりと、驚くほど変わられた女性をたくさんみてきました。

その多くが、決してモデルのようなとびきりの美人だったわけではありませんが、自分の美しさと魅力に気づき、それを引き出すことにより、さらに魅力ある女性になっていったのです。

「美」はトータルバランスが命です。どこか欠けているとか、コンプレックスを感じるところは、簡単に別の長所で補えるものです。もう一度言いますが、女性は魅せ方ひとつで美しくなれるのです。

また、私がメンタルコーチとして皆さんにお伝えしている大切なことの中に、すべての行動は習慣によって支配されている、ということがあります。私たちの人生の成功も、ウェイトコントロールも、部屋の掃除も、美容も、すべてのポイントは習慣なのです。

本書が、他の美容本と違うところは、スペシャルケアをお金をかけてするのではなくて、バランスのよい日々の小さな美容習慣で、驚くほど女性は若く美しくいられる、ということを中心にお伝えしているところです。習慣さえ身につけば、あなたは年齢に逆行してどんどん若返って美しくなっていきますし、美しさをキープすることができます。それは愛され続ける女性でいられるということにつながるのです。

特に女性は、美意識があるかないかで、30代以降は、外見に大きく差が出てきます。今、この本を手に取ったことが、きっとあなたの人生の「美」に関するターニングポイントになることでしょう。

美しさというのは、意識を向けた途端、一瞬で外見に影響を及ぼします。そして、あなたはどんな容姿であっても、必ずや美しくなることができるのです！

最初にお伝えしておきますが、この本は、内容に少しキツく感じるところがあるかもしれません。例えば40代を過ぎてから、外見に関して大胆になり過ぎると、品位が欠けてきます。40代同士で一緒にいると、それがあまり感じられないものですが、10代、20代の若い世代から見たときには、「イタい」と映ることがあるようです。

どんなことがイタいと見られることなのか？　または、品性を保ちながらもどうやって装い、自分を魅せていったらいいのか、そういったことを取り上げていきますので、どうぞ美にご興味がおありの方は読み進めていただければと思います。

外見は、意識でまったく変わっていくものです。美しさを意識し小さな習慣を積み重ねた人とそうでない人の、3年後、5年後、10年後では、別人になっていることでしょう。この本が、あなたにとって本当に美しい女性を目指すきっかけとなれば幸いです。

contents

Chapter 3

愛される女《ひと》のカラダ

Chapter 4

美は細部に宿る

おわりに

Chapter 1

「愛され続ける女《ひと》」とは？

なぜ彼女は愛され続けるのか？

「愛されたい」「美人になりたい」これは、女性の基本的欲求の中で高い割合を占めるものです。女は顔じゃない、内面が大事、と表向きは誰でも言います。しかし、どんな女性でも心の奥底では「愛される女」「美しい女」になりたいのです。

ところで、あなたの周りにもいませんか？ 容姿がすごくいいわけでもないのに、なぜかみんなに人気で、キラキラと輝いていて魅力のある女性。「ぶっちゃけ、外見は自分のほうがいいはずなのに、なぜ彼女ばかりが注目され愛されるの？」そんなことを思ったことはないでしょうか？

なぜ、彼女が愛されるのか。そこには大きな秘密はありません。実に簡単なこと。

彼女は自分を愛しているのです。欠点も含めて。

自分を愛していなければ、自分に手をかけるのがおっくうになります。手をかけてあげないと女性はかわいくなりません。「かわいい、かわいい」と言われ続けた人は、かわいくなっていきます。造形的にもそうなりますし、表情や仕草、特に目の輝きに現れていきます。

もし、誰からも愛されていないと感じる人がいるならば（実際そんなことはありませんが）、まずは自分が自分のいちばんの友達になって、自分を愛してあげましょう。自分を愛しているなら、自分に優《やさ》しい言葉をかけるし、自分のカラダに手をかけるし、ウェイトコントロールだってできるはずです。

愛している人には、美味しいものを食べてほしいと思うでしょうし、かわいいアクセサリーやファッションでおしゃれに着飾らせたい、とも思うことでしょう。愛している人を否定することもないでしょう。

愛され続ける女性というのは、自分を愛し、小さな幸せを心から喜び感謝します。そして、それらの幸せオーラが、カラダから自然と発せられているものなのです。

オーラは目に見えないものではありますが、人はそれを無意識で感じることができ、知らないうちに、幸せオーラを放つその人の周りには人が集まります。愛され続ける女性とはそのようにして、〝結果的に〟いつも愛されるのです。

愛の尊さを伝える聖書の言葉に、「隣人を自分自身のように愛しなさい」という言葉があります。単に隣人を愛するのではなく、〝自分自身のように〟と。すべての愛は、まずは自分を愛することから始まるのです。つまり自分の愛し方がわからない人は、他人をも愛せないということ！

では、自分を愛するとは、実際にどうすればいいでしょうか？　まずは、心が伴っていなくても、形から入ってみることです。

・感謝の気持ちを込めて、セルフハグ（「ありがとう」の声がけを自分にたくさんする）
・定期的に、美味しいものを食べる（ただし、与えすぎないこと）
・自己投資を惜しまないで勉強や体験をする
・「がんばっているね」「がんばったね」「エライね、自分！」と毎日褒《ほ》める
・自分が心地いいと思うこと、喜ぶことをする
・自己否定を決してしない

自分を愛し、毎日自分に手をかけ、日々ちゃんと自分を気遣って満たしている女性はやっぱり輝いています。そして、とても重要なことは、**自分を愛せる人は他の人をも愛せる、ということ。他の人を愛している人は、結果的に他の人から愛されるのです。**

たったこれだけのことで、誰でも「愛され続ける女」になれるもの。その第一歩は自分を大切にすることから始まるのです。

人は無意識に、相手の「見た目」で判断している

外見に手をかけることは、大切なことです。なぜなら、それは自分のカラダに対する敬意でもあり、自分のカラダを大切に扱っていることが、自分だけでなく周りの人の意識にも多大な影響を与えるからです。

例えば、人は最初、どうしても外見でその人を評価してしまいます。これは、「不公平だ」とか「偏見だ」とか言いたくなるかもしれませんが、きっとあなたも同じです。あなたも、あなたの基準で、無意識にノンバーバル（非言語）で伝わってくる情報をもとに、相手を判断しています。

例えば、もし私たちが健康的な体形を保っていないと、周りの人々はあなたを、残念ながら管理能力のない人、と判断する可能性があります。しかも、無意識に……。

また、綺麗にメイクをして、枝毛やパサつきなどもない艶のある清潔感にあふれた髪の毛で、身なりがきちんとした人を見ると、この人は、「丁寧《ていねい》な人」である、という印象を与えます。

それだけではありません。そうした丁寧さを感じる人を見ると、自分もその人に丁寧に扱ってもらえそう、と無意識で判断されやすいのです。

ずいぶん前の話になりますが、私の男性の友人M君が、私と、私の友人ふたりを夕食に誘ってくれました。思わぬ臨時収入があったからということで、ちょっと高級なお店でのディナーのお誘いだったのです。私と、もうひとりの友人はそれなりにおしゃれをしてきました。私はワンピースを着て、もうひとりの友人は髪の毛を美容院に行ってまでセットして、女性らしいスカートを穿《は》いてきました。

ところが、もうひとりの友人は、家で着ているであろう普段着のパーカとトレーナー、そしてスニーカーで来ました。しかも、パーカは毛玉だらけ……。

服装についてとやかく言いたくはありませんし、そこは楽しい食事の場でもありますから、誰も何も言いませんでした。

しかし、残念がっていたのは、M君です。全員が帰った後に私にこう言ったのです。

「俺、軽く見られているのかな？」と。彼女は決してそんな気持ちで来てはいないですし、M君を軽視しているわけじゃありませんが、私も、もうひとりの友達もビックリしたのは確か。私たち女性の装いというのは、相手に対しての敬意やマナーが関係していることがあるのです。

また、ちょっと前にこんなことがありました。私が尊敬している男性ですが、その方の仕事での定番スタイルは、白いシャツにデニム、または、白いシャツに黒パンツというコーディネート。ちなみに、ジャケットはいつも革ジャンです。

ところが、ある日、私とその男性と、もう一社別の会社の方との簡単な打ち合わせがあったときに、彼は定番スタイルではなくスーツにネクタイをした姿で現れました。同業者とのフランクな打ち合わせなのに。

当たり前でしょう？　と思うかもしれませんが、彼のそのいつものスタイルは、スティーブ・ジョブズの黒のタートルネックにデニム、というくらい定番のスタイルだったものですから、かしこまった席でもないのに、彼がスーツを着ていたことに、私はビックリしたのです。

こういうところに人の特性は現れるのだな、と思いました。**私たちが外見を美しく装うのは、自分のためだけではありません。お会いする、相手への敬意の意味でもあるのです。**

内面を充実させることはもちろん大切であり、そこがしっかりしていると外見にも自然に反映されます。だからといって、じゃあ外見は手を抜いていいかといったら、そうではありません。女性である限り、その場にふさわしく装って美しくありたいものですね。

ひょんなことからＳＮＳでつながった有名な男性ミュージシャンが、私の投稿を見て「やはり男として、この惑星上に綺麗な女性が増えるって大きな意味で幸せです」と、世の女性に対してのメッセージをくださいました。私も心からそう思っています。人間って、生まれたときから綺麗なもの、美しいものが大好きです。驚くことに、生まれたときからそうなのです！

さて、あなたが外見も美しくあると誰が幸せになりますか？　彼氏、旦那さま、子ども、友人の喜びにつながります。伝染してその人も美しくなりますから。そして、あなたのご両親もあなたが美しい娘であることを誇りに思うことでしょう。

「美しさ」は伝染する

私が武道を習っていたときのことです。師匠の言葉をいつも思い出します。それは……

「美しいということは、正しい、ということ」。

この言葉だけでは語弊があるので、説明させていただきますね。武道を習うと、最初は実践よりも、正しい型、基本のようなことを何度も練習し、カラダに染み込ませます。まったく武道がわからずに先生と一般の生徒の違いを見たときでも一目瞭然なのですが、上手な人と下手な人の差がわかるわけです。生徒は教えられた通りに間違いなく動いているのに、美しいかそうでないかが見ただけでわかるのです。師匠は、そこで先ほどの言葉を述べたのです。つまり「正しく動いている人は美しい」ということ。

女性の美しさも同じかな、とそのとき思いました。つまり、師匠の言葉を私流に変えるとしたら、「女性が美しいということは、正しいということ」。

男性と女性の違いとして、女性は、男性には持ち合わせていない女性としての美しさがあります。それは、繊細さ、柔らかさ、丸みを帯びたボディラインなど、男性にはない優しい波動です。もちろん特質の違いこそありますが、女性であれば、誰でもそのような美しさは持ち合わせているもの。その美しさを磨くということは、女性としてのあるべき美しさを保ち、それを発揮するということで、それは正しいこと。あなたがもっともっと女性として美しくなることは、周りの人々への愛と癒しをも与えることになるのです。

「美しさと愛って何が関係あるのですか？」と聞かれそうですが、先に述べたように女性が美しいだけで、周りは本当にハッピーになるのです。それは、美しさには確実に伝染性があり、美しい女性を見ると自分も美しくなりたい、という自然の欲求がでるからです。女性であればなおさらその欲求は強くでます。

美しくなるには、当然、健康を土台とした、規則正しい生活習慣や美容習慣が必要です。ですから、あなたが美しいだけで、その美しさは、視覚情報として多くの人々を刺激し、周りの人々も健康的な生活を送るよう促します。

あなたの美しさという存在が、無言のメッセージを発していることになるのです。

あなたもご経験があるのではないでしょうか？　美しい女性と知り合って話をしただけで、または友達が綺麗になっているのを見たときに、「ダイエットを始めよう！」とか、「私も、ちゃんとおしゃれしなきゃ」などのように、気持ちがシャキーン！　とすることが。

逆に、まったく自分の身に手をかけず、カラダを酷使した生活、乱れた食生活、運動もしないでだらしなく太ったカラダ、身なりも整えない人を見たとき、人は無意識に影響を受けています。家族が似たような体形だったり、仲のよい友達同士が、似たような雰囲気だったりするのはそのためです。中には、自分の身に手をかけない人を見たとき、無意識に不快感を覚える人もいます。なぜなら、本能的に人間は美しいもの（人）が好きだから。

自分に手をかけて美しくしていることは、ハッキリ言えば、自分に対する愛に加えて、他人に対する愛でもあるのです。

心は外見に現れます。また、外見は心と周りの人々に影響を与えます。どうぞ、美しくなることに躊躇《ちゅうちょ》せず、もっともっと綺麗になってください。あなたの美しさを見たときに、そこから益を得ている人たちがたくさんいるのですから。

若さと美しさの基本は免疫力

40歳も過ぎますと、いちばん大切なのが「健康」であることを、この年代以降の女性は実感しているでしょう。真の美しさは健康が土台になっています。若いときの不摂生が、この年代になって外見にもドーンと現れることがありますし、メンタルにも影響を与えます。

ですから、今!!　どうか心を入れ替えて、生活習慣や、食生活を見直してほしい、と思うのです。そう、免疫力は美人力なのです！

私は、30代初めの頃、不摂生な生活習慣だったため、免疫力は低く、ブサイク度はかなりのものでした。外見も47歳の現在よりも老けていました。

風邪は引きやすいわ、婦人科系の病気にはかかるわ、それに伴う痛みと、体内では活性酸素がドバドバでるので老けるわ……、目力なんてまったくなく、お肌もボロボロでした。こうやって書いているだけでも、当時を思い出して老けてきそうです。本当に、女性としての美しさは、免疫力がないだけで半減することを身をもって体験した時期でした。

逆に免疫力が強いとどうでしょう?

風邪なんて引きません。そしてカラダが元気です。カラダが元気ですと、ヤル気も起きますし、美容に関しても細やかなところまで手が届くようになります。定期的な運動もできるので、ふさわしいウェイトコントロールもできます。元気だと、やりたいことがたくさん出てきて、行動的になりワクワクしますから、目力も出てきて、輝きが増します。ゆえに、免疫力の強さは美しさにつながるのです。

外側だけをいくら美しく固めても、内側の部分の健康などがおろそかにされていると、30代40代くらいまではなんとか美しさがもったとしても、それ以降は、ガターンと急に崩れ落ちる可能性があります。ですので、30代、そして40代の方々は、内側からのケアを怠らないようにしたいものです。

では、免疫力はどうやったら上がるでしょうか? ごくごく普通の基本的なことを習慣化することからです。

・バランスのよい食生活
・運動
・しっかり睡眠をとる

・ストレスをためない
・よく笑うこと

当たり前のことばかりですが、こうした基本的なことを意識して、習慣化すること。これからは、普段の生活からインナービューティーを心がけて、免疫力を上げましょう。たった1日、風邪を引いて寝込んだだけでも、女性は見た目が5歳から10歳くらい老けることがあるのです。

私は、生活習慣を整えてからは、風邪にもインフルエンザにもかからず、夏バテも無縁です。私の免疫力が強いのは、特に食生活と運動、そして睡眠をなるべく充分に取るようにしているから。

また、抗酸化力がとても高い、アミノ酸の有効成分が200種類以上入っている「黄酸汁豊潤サジー」という健康ジュースを毎晩飲んでいるお陰で、20代並みの体力が回復！ また、食生活も、朝はジューサーで作った野菜ジュース（マカ、プロテイン、オリゴ糖入り）を毎朝飲んでいます。ちなみに、これを飲んでからは、夫は花粉症も改善しました。

ひとり暮らしの女性の中には、夕食にコンビニ弁当を買って食べている人もいます。今は若さでカラダが持つかもしれませんが、添加物がたっぷり含まれていたり栄養のないものを何年も食べていると、後に大きなツケが回ってきます。

簡単でもいいので自炊する習慣を持ちましょう。ランチタイムを外食で済ますよりは、お弁当を作って持って行く習慣を身につけるだけで、節約にもなるし、健康にもいいし、ダイエット効果だってあるはず。

免疫力アゲアゲで、美しく健康に年を重ねていきましょう。

「自分磨き」よりも、まずは自分の長所を探す

女性が美しくなるために欠かせないもの。それは、パーソナリティを磨くことです。「パーソナリティ」とは、簡単に言うと個性や人柄のこと。その人が本来持つ美しさを見つけて、伸ばし、磨いていくのです。

世にあふれている美容情報を片っ端からやみくもに取り入れ「自分磨き」をするよりも、あなたが女性としての輝きを持つためにもっと大切なことは、あなた個人が持ついいところ（自分の奥底に眠るダイヤモンドの原石のようなもの）を見つけて、あなたの人柄をいちばんいい形で表現することです。

日本人は生真面目なので、自分の欠点はちゃんと見えているのですが、いいところというのはほとんどわかっていないもの。駄目なところを直して、美しくなろうとする人は多いですが、それは時間がかかります。

むしろ、いいところを発見して、そこを伸ばしてあげると、もっともっとあなたの美しさと魅力は発揮されていきます。しかも、欠点をなくそうとするよりも非常に簡単！

それには、自分を知ることがいちばん重要になっていくわけですが、意外や意外。自分

のいいところは実はなかなか見えないものなのです。さて、どうやったら、自分の外見的、内面的な長所を見つけられるでしょうか？　３つの方法を挙げてみます。

まずひとつ目。いちばん手っ取り早いのは、思い切ってプロに頼むことです。例えば、ミスユニバースのトレーニングで、トレーナーがその候補者のいいところを言葉に出して褒め、自分の持つ美しさと長所を自覚させますが、**そのように心から自分が認められたと感じたときに内側から発する自信は、外見的な魅力をより発揮します。**

ですから、思い切ってイメージコンサルタントや美に関するトレーナーという、その道のプロに頼んで、あなたの魅力を発掘してもらいましょう。

ふたつ目の方法は、初対面の人からの意見に耳を傾ける、ということです。

初めて会った人から言われる言葉というのは、今まで自分では気づかなかった、隠れていたものすごい発見があるものなのです。いつも会っている人や、昔から自分のことを知っている人にとって、あなたの才能や素敵なところは、全部「当たり前」になっている。つまり慣れてしまっているので、あえて、それを褒めてくれることもないでしょう。

しかし、それが初めて会った人や知り合って間もない方だと、あなたの外見や仕草や言葉遣いなどすべてを新鮮に感じ、才能が浮き出て見えるものなのです。家族でも友達や同僚でもない人に言われて初めて気づいた自分のことって結構あるのではないでしょうか？

私ごとですが、私は以前自分の声が大嫌いでした。ですが、コールセンターでテレフォンアポインターをしていたとき、初めて会った管理職の方に、「ワタナベさん、すごくいい声だね！」と言っていただきビックリしました。そのときは大変驚きましたが、それを数人に言われるようになってからは自信を持つようになり、ボイストレーニングに通うなどしてそこを伸ばしてきました。今では、声は仕事でとても重要なものになっています。スカイプでのセッション、セミナー講師として皆さんの前でお話しするとき、音声配信プログラム、また、ラジオ番組にもチャレンジしています。

さて、あなたの魅力を発掘するための3つ目の方法は、自分目線と他人目線での長所を比較することです。

私がコーチングのセッションで、自分に自信がないという人に出す宿題なのですが、まず自分で自分の長所を30個以上書きます。さらに友達3人以上に、あなたのいいところを10個書いてもらう、ということをします（そのときは、あなたもそのお友達のいいところを紙に書いて渡すといいかもしれません）。

自分では気づかなかった長所をたくさん発見することができ、また、自分が書いた長所とお友達が書いてくれた長所の共通点があると嬉《うれ》しいもの。そんなふうに長所を言ってもらうと、否が応でも自信がつきます。

このようにして、自分のいいところを認めて育てて、そこを意識すると、もっともっとあなたの魅力が引き立っていくことでしょう。

美しさは所作に現れる

岩盤浴《がんばんよく》に行ったときのこと。岩盤浴をする場所はとても静かな空間。皆さんそれぞれが寝ていたり、ボーッとしていたり、カラダと心を休める癒しの空間です。ほとんどの方がうとうとしています。私の場合、うとうとしながらも、寝転んでいる間は、瞑想やイメージングの時間にしているので、まったりとするリラックスの時間です。

そこへ、「バターン！」という音と共に、スノコの上を「ダン！　ダン！　ダン！」と歩く音……。このような経験はありませんか？　この音により、リラックスモードの空間がぶち壊され、その場にいた人々の意識は不快な音に向けられることになります。

当たり前の話ですが、エネルギーが外側に力任せに放出されますと大きな音が出ます。それは、歩く音、扉の音、食事のときの音など、さまざまです。また、内側から自然に漏れる声、大きな声なども含まれるでしょう。

そういうエネルギーを、品性のある人は上手にコントロールしています。それが、美しい所《しょ》作《さ》につながります。逆に、なかなか周りに目が向かない人は、そのエネルギーをコントロールできていません。例えば扉の開け閉めも、扉を最後まで手で持たない（コントロールしない）ので、途中で扉を手放し、「バン！」と音がする。また歩くとき、周りの人への配慮がなければ、足の裏からのエネルギーで床を叩《たた》きつける音を出してしまうでしょう。

以前、ウォーキングを習ったとき、自分も先生と同じようにエレガントに歩けているように見えたのですが、カッツン！　カッツン！　と音が出ていました。すると先生に、「今度は音をたてないで歩いてみて」と指導されました。

ハイヒールを履いて固い床の上を、音をたてないで歩く、というのは、パンプスが床に当たるときのエネルギーを足裏に吸収させるわけですから、コントロールがすごく大変です。ですがそれができるようになると、足の出し方もパンプスの底が床に当たるときも、スッとどこかに力と音が吸収され、軽やかに見えます。

食事のときも、ある意味エネルギーをコントロールできていると、ガチャガチャと音がしないで、スープもズズズズーッと音をたてずに飲むことができるわけです。

美しく品性のある女性というのは、自分から発するエネルギー（力、音、空気、波動など）を上手にその場に合わせてコントロールする術《すべ》を知っています。そして、その仕草はとてもエレガントです。

もちろん、女性が元気なのはいいことですし、ガハガハ笑うのも素敵なことです。みんなにパワーを与えられますからね。ただ、それはT・P・Oをわきまえるもの。それが大人の女性の品格。

このエネルギーのコントロールは、常に意識していないと、身につきません。まずは意識。少しずつでいいので、自分の力やエネルギーをコントロールすることを練習してみてください。音を立てない、というだけで女性としての品格が、かなりアップしますから。いつの間にか、無意識にコントロールできるようになる日まで続けてみましょう。

色気は内なる清潔感から

どこの雑誌のキャッチコピーを見ても「モテヘア」「モテ服」「モテ顔」……。「そんなにモテたいんかーい！」とツッコミたくなるのですが、はい。人は、誰もが深層心理ではモテたいものなのです。

巷《ちまた》には露出度の高い服を着る、胸の谷間を見せる、脚を出す……そのような小手先の技がてんこもりの色気の法則がたくさんあるかもしれませんが、肌見せが通用するのは、20代までと思ったほうがいいでしょう。

色気というのは、内なるところにあるものなので、発揮しようと思って発揮できるものではありません。恋をした人が、自然と瞳がうるうるして、肌もつやつやして、隠そうとしても周りに気づかれてしまうのと同じ。ですから、肌さえ見せれば簡単に色気は出るだろう、と思うのは短絡的というか大間違い。

肌を見せれば見せるほど、その露出した肌が当たり前になり色気が感じられなくなってしまうもの。一時的に男性の興味を引きたいなら、この肌見せ（特に胸元、脚を出せば）、確かに目を奪うことができます。女性である私でさえ、女性の谷間を見ると羨《うらや》ましくて、ついついその部分をガン見してしまうくらいですから。

しかしながら、この肌見せというのは、一時的に本当にドキドキすることはあっても、慣れると、逆にそれ以上は性的な魅力を感じさせなくなります。しかも、逆効果になることも。男性が女性と、永続的な深い関係を培《つちか》いたいと思ったら、ここ日本では胸元をあけている女性を選ぶことは少ないでしょう（海外では文化の違いがあります）。

自分の彼女や奥さんが、他の人に胸元をあらわにしているのって、男性の心理からすると気持ちのいいものではないのです。以前、男性の友人と飲んでいたときに、胸の谷間が見える女性についての話題になりました。そこでは意外な答えばかりが。

「一瞬ドキッ！　とするけど目のやり場に困る」「相手が年を取っていると、見たくないもの見せられた、って感じ」「中味のなさを胸でカバーしているみたい」

随分キツい言い方ですが、これが男性の本音。心して受け止めたいものです。そして、女性自身も肌見せをしている女性を嫌う傾向にあります。もし、自分の彼氏の前で、胸の谷間をあらわにしている女性がいたら、不快に感じるものです。日本に住んでいる限り、その辺はちょっと気をつけたいものですね。

では、逆にどんな女性に色気を感じるのでしょうか？　肌の露出の点でいうのならば、それは、過度に露出をしているのではなく、本当にごくごくわずかな肌がちらりと見えている程度の女性。その奥はどうなっているのかな～？　という妄想ができる範囲が最も色気を感じるでしょう。隠れている肌こそ、色気を放ちます。そして男性は、それを見てみたいという衝動が走るのです。

特に、ちょっと胸元が空いた清潔感がある白シャツやデコルテが綺麗に見えるゆったりとしたニットを着た女性に、男性は色気を感じるようです。

パリッとしたシャツの素材の中に見える女性の柔らかな肌、丸みを帯びたカラダの線がある程度わかる柔らかな素材のニット、鎖骨の上で波打つ華奢《きゃしゃ》なネックレス。そして、その奥には見えそうで見えない谷間――。意外かもしれませんが、こういう清潔感が漂っているところにこそ、色気が漂うのです。

白いシャツや白いニットというのは、真っ白なウェディングドレスに次ぐ、女性が色っぽく、そして美しく見える色のような気がします。ウェディングドレスは魔法のドレスで、女性をワンランク綺麗に見せてくれるすごいパワーがありますよね。白シャツや白ニットもそれに次ぐぐらい、美しく色っぽく見える服なのです。

清潔感あふれる着こなしは、胸の谷間をただ見せるよりもずっとずっと色っぽい。大胆な肌見せは、彼とふたりっきりになったときの武器として取っておきましょう。

「首」がつく部位を見せる

肌を見せずして、色気はどんなときに発せられるのでしょうか？

ひとつは、「首」と言われている部位をちゃんと見せることです。首（襟足なども効果あり）、手首、足首がわかりやすいかと思いますが、それ以外にも鎖骨が見える胸元、くびれたウエストなどもT・P・Oによっては見せたいものです。つまり、女性らしいところ、華奢なところは見せておくこと。

見せ方としては、例えばシャツを着たら第2ボタンくらいまでは開けておくこと、シャツの袖は手首が見えるくらいにまくること。さらに、リクルートスーツの下に着るような色気のないシャツではなく、ちゃんとカラダのサイズに合った、ウエストが絞られているシャツ、もしくはくびれたウエストがわかるような着こなしをしましょう。

また、ニットを着る場合も首元が詰まったものではなく多少デコルテが出るもののほうがベター。Vネックのトップスもとても色っぽく見えます。ある男性のタレントさんが、テレビ番組で「Vネックのニットを着た女性の見えそうで見えない白い胸元を見ると興奮する」と言っていたのはとても印象的でした。まずは、Vネックから挑戦してみるのもよいかもしれません。

若さと〝イタさ〟のバランス

クライアントさんから聞いた話ですが、テレビ番組で、小学生に、20〜40代の女性を、自分が思う若い年齢順に並べてもらうという企画をやっていたそうです。実年齢43歳のある女性は、最初のインタビューで「20代には負けません！」と自信満々。ほっそりとした容姿にウィッグとつけまつ毛、服装もミニスカートとかなり若作りをしていらっしゃった方だったようです。

しかし、小学生の鋭い視線は彼女の見た目にだまされることはありませんでした。結局、その女性は最後に選ばれ、小学生からはいちばん年上に見える、という結果になったそうです。

その若作りをした43歳（失礼！）の女性に対して「この女性は何歳だと思う?」と司会者に聞かれた小学生たちは、みんな「50歳以上だと思う！」という答え。その女性は、周りから20代に見られていると信じていたのに、若く見られているどころか実年齢よりもはるか上の年齢と言われ、きっとショックを受けられたはず。小学生がそう答えた理由は

「うちのおばあちゃんは50代だけど、そのおばあちゃんががんばって若くしている感じだから」と答えていたそうです。

小学生は、別にお世辞を言う必要もないので、感じたままを言っただけなのでしょうが、大人はそうはいきません。40代の女性が盛り過ぎのウィッグに、つけまつ毛やまつ毛エクステで大きく見せた目、若作りのために穿いた超ミニスカートは、誰も口にはしませんが、やはり客観的に見ると違和感があるものです。

30代、40代以降の、「若く見せよう」「若く見られたい」というがんばり過ぎは、〝イタさ〟を漂わせます。私も40代、50代の友達ともよく品格の話をしますが、品が失われたまま突っ走るほどイタいものはない、という結論によく到達します。

いくら若く見えたとしても、実年齢が既に表面化しているのであれば、装いには他者目線で自分がどう見えるのかが必要なのです。

また、これは私の個人的な経験ですが、最近、まつ毛エクステに関して感じたことがありました。ある45歳くらいの女性が、あり得ないくらい長――く、カールの強いまつエクをしていました。もともとまつ毛の本数が少ない方のようで、あまり多くついているわけではないのですが、長さが不自然で、まるでマンガに出てくるキャラクターか宝塚の舞台メイクのよう。どうしても無意識にそのまつ毛に目がとらわれて、彼女の話が一切耳に入ってこなかったのです。

私もまつ毛エクステを利用していますが、最近は本数を少なくして、太さもちょっと細めのもの、長さも自分のまつ毛の長さよりも1ミリほど長くした程度のものにしています。

実は1年ほど前、プロフィール写真を撮るためにヘアメイクをしていただいたとき、20代のメイクさんからアドバイスをいただいたのです。「まつエク、もうちょっと少なくてもいいですよ」と。この言葉で「ハッ!」としました。「私、盛り過ぎていた!」と。自分は鏡でちょうどいいと思っていても、客観的に見るとまた違うものなのです。ですから、こうした指摘は本当にありがたいです。

また、最近では40代、50代でもミニスカートやショートパンツを穿く時代になりました。実年齢よりも見た目年齢にあったファッションをすれば違和感がありませんので、似合えばOKでしょう。

ただし、注意点があります。生脚（ストッキングを穿かないこと）について。生脚が許されるのは、綺麗な脚だけ！　あ、キツかったでしょうか？　しかし、ひざが黒ずんでいたり、ひざの上にお肉がのっかり、まるで人の顔みたいに見えるひざ小僧を出すくらいなら、ストッキングやタイツなどを穿いて綺麗に見せたほうがよっぽどいいです。その黒ずんだひざ小僧やたるんだひざの上のお肉は、さらに年齢を感じさせ、その若く見せるために穿いたミニスカートとのギャップでなお一層、イタく見えてしまうのです。

「過ぎたるは及ばざるがごとし」。自分を客観視せずに今の姿を無視して、よく見せようとしたり、若く見せようとしてがんばり過ぎると、逆にイタく見えたり、不快に見られたり、周りから生温かく見守られてしまい、一歩引かれることがあります。

「無難にしよう」と言っているわけではありませんが、品ある装いは、女性としての格を上げるもの。30代以降は盛り過ぎ注意、がんばり過ぎ注意！　客観的な目線を大切にしましょう。

忘れられつつある三面鏡の威力

どんなにがんばっても、自分の肉眼で自分の顔を見ることはできません。

昔、鏡と言ったら三面鏡だったような気がしませんか？　母の鏡台は三面鏡でした。いつしか三面鏡は昔ほど活用されなくなったように感じます。そんな中、偶然に友達の家に三面鏡があり、大人になってから、久々にそれで顔を見る機会がありました。そのとき、自分の視点からは決して見ることができなかった角度の自分の横顔を見て、「どわわわわ――っ！　何この顔ぉぉぉぉ〜っ！」と叫んだのを覚えています。

驚きました。あまりの自分の横顔の平坦さに。特に、鼻の低さにはビックリ。普通の鏡ですと、正面からしか見えないので、鼻が低いなどとは、今まで一度も思ったことがなかったのです。ちなみに、家族の中でいちばん鼻が低いことも三面鏡でわかりました。

三面鏡は、自分の目では確認できない角度から自分を見ることができる最強のツール。三面鏡でショックを受けようよ、ということを言いたいのではなくて、客観的な視点から自分の顔の長所と欠点を知り、メイクやヘアスタイルなどでカバーできることはしてみよう、ということなのです。**そうです、まずは自分を知ることなのです。**

私はこの三面鏡による、自分の顔の平坦さに気づいてからというもの、ハイライトは欠かさずするようになりました。ハイライトとは、顔の凹凸を目立たせるために、高く見せたいところに明るいパウダーをのせ、光を集めるメイク法です。目の錯覚により、低い鼻でもちょっと高く見えたりします。また、最近はハイライトが主要で、シャドウ（これもまた凹凸を明確にするため影を作るためのメイク法）はあまり使わないようですが、私は鼻が極端に低いので、ノーズシャドウも使っています（ですから、今のところは傍目からは鼻が低いとは言われたことがありません）。

鏡を見る回数と美しさは比例する

あなたは鏡を1日何回見ますか？　鏡を見る回数と美との関係は比例します。なぜでしょうか？　なぜならば、**人は無意識に鏡を見たときに、「いい顔」を作っているからです。**

こんな経験はありませんか？　知らない間に写真を撮られていたら、ひどい顔で写っていて「いやーん。この写真、すごい不細工に撮れている～」と思ったことが。キツい言い方になってしまうかもしれませんが、ほとんどの場合、それは不細工に写っているのではなくて、あなた自身の普通の顔なのです。つまり、第三者からはいつもそのように写っているというわけ。

いや～、本当にキツい言い方ですが、事実を申し上げれば、人は鏡を見たときに無意識に「いい顔」を作っているのです。それを何度も見ているため、自分のその「いい顔」が普通だと思い込んでいます。だから、気を抜いたときの写真を見て驚くのです。ちなみに、街ですれ違う女性たちの表情を観察してみてください。意識していないときの顔は口角もほっぺも下がっています。

話を戻しますね。なぜ鏡を見る回数と美しさは比例するのか？　それは、鏡を見るたびに自分のいい顔がインプットされていくからです。鏡をほとんど見ない人は、いい顔も作りません。自分に興味がない、または自分の顔を見るのが嫌という人は、「どうやったらいい顔になるのか」「どうやったら美しく見えるのか」ということにも興味がないということなので、いつも鏡を見ている人より、美に関して疎いと言えるでしょう。

ぜひ、一日に何度も鏡を見てください。朝と晩だけしか見ない、ということが決してありませんように。ＯＬさんであれば、デスクに小さな鏡を置いて鏡を見るたびに口角をあげるとか、主婦の方であれば、家の中で自分がいちばん多くいる場所や、目の行くところに鏡を置いて、自分のお顔を見てチェックしてください。できれば笑顔で。

それを何度もやっていますと、形状記憶合金のように自分のいい顔が定着していくことでしょう。鏡は女性の味方、大切な友のような立場だと思ってください。あなたの長所も短所も正直に教えてくれます。

美は女性たちの視線で磨かれる

恋をすると美しくなる。彼氏ができると綺麗になる。これは間違いなくそうなのですが、実はこれは一時的な効能。恋をして綺麗になる理由はホルモンが関係していて、男性に刺激されて綺麗になっていくのは、内側からにじみ出る女性らしさや潤いなど。しかし、女性の外見美が本当の意味で磨かれるときというのは、男性がどうのこうのではないのです。常に、あなたの周りにいる女性たちが美を磨いてくれるのです。さて、どういうことでしょうか?

実のところ、女性というのは、無意識にではありますが、付き合う女性や接する女性たちと自分を常に比べています。相手のファッションや持ち物、特に新しいバッグや時計、靴、アクセサリー、はたまた、発色のよい口紅をしていたら、「それどこの?」と聞くことでしょうし、素敵なジェルネイルをしていたら、「かわいい~! どこでやっているの?」と聞くかもしれません。あなたの美しさは周りの女性たちの目にさらされ、見られています。そして、素敵な女性を見ると、あなたはそこからも大きな影響を受け、あなた自身の美も磨かれていくのです。

私たちは自然と、付き合う女性たちに似てきたり、その中での平均値の美しさになっていくものです。不思議なことに、お給料も体形もファッションも、そして、美しさに関しても一緒にいる人たちに似てくるのです。もし、付き合う友達が美しくセンスのいい人たちばかりなら、あなたの美は、その人々からの影響で引き上げられていくことでしょうし、もし、付き合う友達がまったく外見や容姿に興味を持たない人たちばかりでしたら、あなたは影響を受けて、美意識が引き下げられていく可能性があります。それは、あなたが目に入ってくる視覚情報で自然と影響をうけているからなのです。

また、特に既婚者になると、多くの場合は男性目線よりも断然、女性目線を意識し出します。男性のためのおしゃれというよりも、女性に見てもらうためのおしゃれに走るようになるものです。男性に「おしゃれですね」と褒められるのも嬉しいかもしれませんが、女性の場合、同性に褒められたほうが、認められた感があるものです。勝ち負けではありませんが、それでも自分が素敵でありたい、おしゃれでいたい、そして、他人にそのように見られているか知りたいという表れなんですね。

10年以上も前の話ですが、こんなことがありました。よく一緒にいたのは、私も含め、おしゃれに無関心の友人たち。その中のひとりが、自分の会社にとてもおしゃれで美しい人が転勤でやってきた影響で突然おしゃれに目覚め、メイクを独学で勉強し始め、顔がどんどん洗練されていき、ダイエットもしていないのに痩せてきたのです。

私たちは5名ほどの仲の良いグループでしたが、ひとりがそういう影響を受けたため、彼女がきっかけで全員、美に目覚め始めました。その後は、コスメパーティーと題して、2ヶ月に1回ほどその友人からメイクを学ぶために家に集まり、みんなが綺麗になるための情報交換の場を設けたのです。

また、福袋で買った品々で自分には似合わないものや、買ったはいいけどサイズが合わなくて着ない、というものを持ち寄り、友人同士でコーディネートを楽しみました。そのようにして女性たちの間で美を磨き合っていました。

このように、人は美しくなろうと意識した途端、姿形まで変わっていくのです。特に同性である女性の視線というのは男性と違って厳しいチェックが入っています。

私の友人B子は、それはそれはチェックが厳しい女性です。「あの時計、新しく買ったわね」くらいならいいですが、「彼女、2キロくらい太ったかもね」とか、最近では「ほうれい線が出てたね」などなど、彼女といるときは毒舌ともいえる指摘が次々と飛び出すのです。しかし、彼女は人に言うだけあって、本当に自分自身の美意識も高く美しい女性。だから、私も彼女と会うときは、男性と会うときよりも最高におしゃれをして彼女に会います。そういう存在がひとりいるだけでも身が引き締まるものです。

今、あなたの周りにおしゃれな友達がいたらありがたいこと。相互の作用でどんどん美しくなってくることでしょう。改めて周りを見渡してみて、そういうお友達がいなかったら、どこか綺麗な人がいそうな習い事や交流会に出向いて、女性の視線をたくさん浴びてみましょう。

本当に心もカラダも引き締まりますから。そして、そんなあなたは、どんどん洗練され魅力的な女性になっていくはずです。

10年後のあなたは、〝今のあなた〟によって作られる

「転がり落ちるのはあっという間」……私も身をもって何度も経験しています。私はいろんな美容習慣を身につけることができましたが、たった2、3日の出張ですべてが崩れ落ちてしまうことがあるのです。そのようなときに、崖から石ころが転げ落ちるかのように、ダダダ――！ と自堕落な生活になる。おお～、怖っ！

突然ですが、10年後、あなたはおいくつですか？ よく言われていることですが、美人もそうでない人も、40歳になると同じラインに立てる、と言われています。何にもケアをしてこなかった若い頃からの美人と、いつも一生懸命に自分のカラダに手をかけてきた容姿がそんなによくない人。ふたりが40歳になった時、恐らく手をかけてきた人のほうが、全体的に見ると綺麗になっているのです。

意外に感じられるかもしれませんが、人の外見は環境で作られていきます。美に無関心な人、ファッションにもメイクにも関心がない人、そして、いつも不平不満を言う友達と付き合っていたり、健康にも無頓着で、情報にも疎い生活をしているならば、いくら若い頃にちやほやされてきた美人でも、40歳になる頃には、その面影はまったくなくなるくらい

の状態になることでしょう。そして、美人であればあるほど、容姿が崩れてしまったときの差に周りの人たちは驚いてしまいます。

若い頃、容姿が特別によくなくても、常にアンテナを立てて、ファッション誌を読んで研究したり、中にはプロに学んだり、街に出て洗練されたセンスの空気に触れたり、健康的な生活を送るために食生活に気をつけたり、ご自身に手をかけ続けてきた40歳は、どんな状態でしょうか？　間違いなく美しくなっています。

10年後のあなたは、今のあなたによって作られているのです。

想像してみてください。ボディラインに気を遣い、食生活にも気を遣い、タバコを吸っているのと吸っていない10年間では、どんな現実が待っているかお気づきでしょうか？（タバコを吸うことでのメリットのほうが高ければ、私は吸ってメンタルの安定があったほうがよいと思っていますけどね）。

ちなみに私は10年後、57歳になっています。美しく若々しく健康的にいたいなら、そのために必要なことを今からコツコツとやるしかありません。良い習慣を身につけても、冒頭で書きましたように、「転がり落ちるのはあっという間」ではありますが、その習慣が一度途絶えてもまた一から何事もなかったかのようにやればいいのです。イメージとしては、また一歩踏み出して、上りのエスカレーターに静かに乗るように、再びその習慣を始めるのです。

美しさとは今だけのことではありません。美（健康も含む）に関しては決して近視眼的になってはなりません。長期的に見ていきましょう。

またもうひとつ大切なことがあります。それは、美しさは美容と健康だけではない、ということ。内面の美しさがなければ、本当の意味で美しさは外に反映されません。特に35歳以降は、内面が顔に現れます。

「40歳過ぎた人は、自分の顔に責任を持たなければならない」（アメリカ合衆国元大統領アブラハム・リンカーンの言葉）

私たちの生き方は顔に、カラダに、そして行動に現れていきます。どんな生き方をしてきたか？　どんな情報を取り入れてきたか？　そして、どんな言葉を遣ってきたか？　これにより私たちの10年後は天と地ほどの違いも出てくることでしょう。

人にいじわるを言う、愚痴や不平不満などを言うことが習慣化している人は、顔つきが悪くなっていきます。人の落ち度ばかりに目をとめている10年間と、いつも笑顔で感謝の気持ちで満たされている10年間とでは、外見にどんな違いが現れるか、想像できますか？

10年間、心地よい気持ちでいることを選んだ生活は、ビックリするくらいあなたを美しくしてくれることでしょう。

繰り返しますが、あなたの10年後は何歳になっていますか？　今よりももっともっと美しくなるために、今の生活を見直してみましょう。

10年前を思い出してください。きっと今日まであっという間ではありませんでしたか？次の10年は、きっともっと驚くほど早く時間が過ぎていきます。そして、時間と共に進む老化は10年前のような若さでは乗り越えられないのです。

本当の美しさがにじみ出るとき

女性の外見的な美しさの価値は確かに高いです。なぜなら、誰もが美しいものも、美しい人も好きだからです。本書では外見美の大切さも取り上げていますが、実を言うと、美しさに関していちばん大事なところは、そこではありません。

目に見える外見的なことが重視される時代は、過ぎ去りつつあるようにも思います。例えばＡＫＢ48は、美しいというよりも、ごくごく普通の女の子たちの愛らしさ、活発さ、そしてちょいと庶民的なところが魅力のひとつ。活き活きしていて元気なその姿が、多くの人々の共感を得ているのかもしれません。アイドルでありながら、なんとなく手が届くような存在、というのでしょうか。

彼女たちを美しく魅せているのは、内側からくるパワーや表には現れてこない努力などでしょう。外見の美しさは、軽視されるべきではありませんが、最も重要なものでもありません。**人が本当の美しさを感じるのは、一時的には目から入ってくる情報でありながら、やはり最終的には内面に人を惹きつける魅力がその人にあるかどうか。人々はそれを野性的に、**

直感的に受け取るものです。

いくら外見が良くても、誰もが超美人！ と認める人であっても、いつも内面がヒン曲がって、人を傷つける物言いをしていたり、人を批判しバカにする態度をしていたり、自分の価値観に固執し、それを他人に押し付けるような人に、美しさを感じることはありません。そういうところを感じたときには、一瞬にしてブスにさえ見えるものです。

誰もが認める美しい人、と言われた女性の中に、オードリー・ヘップバーンがいます。彼女の大きな瞳と愛らしい顔立ちには、時代を超えた今でもため息が出るほど美しさと愛くるしさを感じます。

しかし、私を含め、一部の人は、若かりし頃のオードリーよりも晩年のオードリーに美しさを感じています。晩年のオードリーは、外見にこだわらず、女優たちには当たり前になっている、最先端美容医療などもしておらず、慈善事業にずっと携わっていました。

特に美しく装うこともなく、現地に向かうときはポロシャツにチノパンというシンプルなスタイルで子どもたちに愛を注ぐその姿は、顔中シワだらけでも、白髪があっても、内面の凛とした生き方が見た目の美しさに反映されているような気がしました。

そういう意味ではマザーテレサも同じかもしれません。きらびやかに装うことなどなかったシワだらけの笑顔の彼女を美しい、と言った人はとても多いのです。こう考えてみますと、**女性が美しくあるには、やはり根底に、何かに対する愛があるかどうかが、大きく影響するものでしょう。**

例えば、私が特に美しさを感じるものの中に、赤ちゃんを出産したばかりのお母さんがいます。おそらくすっぴんで、そして、産みの苦しみで痛みと戦って、きっと死ぬほどしんどくて疲れているにもかかわらず、わが子を抱いて嬉しそうに見つめる顔——。愛に満ちあふれているその瞬間は、何も飾らなくても本当に美しいのです。

また、これは自分のことで恐縮なのですが、私自身でも自分の写真写りを見て思うことがあります（納得いくものが撮れることは大変少ないのですが）。我ながら「あら！　いい顔してるわ〜」と思うのは、子どもや動物と写っているときの写真。これはやはり、愛があふれる瞬間をカメラが捉えるんだな、と思います。

さて、あなたがいちばん美しく見えるときもまた、愛を感じるとき、愛を与えるとき、または愛情を何かに注ぐときでしょう。これは本当にあなたの本物の美しさを引き出すものです。

好きな人でもいいし、親でも友達でもいい、恋人でも夫でも、はたまた、ペットであっても、手入れしている植物であっても、飾っている人形であっても、愛や愛着を持ち、注ぐことによって女性はますます美しくなります。

着たい服にカラダを合わせる

30代前半までは、体重計にのって、「ありゃ？ 理想体重オーバーしている。痩せなきゃ」と意識しただけで、1、2キロくらいは意識だけで何もしなくても減ったものです。しかし、女性は35歳を過ぎたあたりから、基礎代謝率が下がり、痩せづらくなってきます。その年以降、1年に1キロずつ増えていき、何も手段を講じずドンドン太っていった知人を何人も見てきました。

そういう人は、細い人を見ると決まってこう言います。「昔は痩せてたのよね〜。ウエストなんて58センチだったんだからぁ〜。子どもを産んで年取るとこうなるのよ」。いくら過去の栄光を言っても無駄なのです。キツい言い方になってしまいますが、今がすべてです。私が20代のとき、40代の女性たちに何度も過去の栄光を言われてきて、自分は決してそうはなるまいと、固く決意したのをたびたび思い出します。

太ってしまい、洋服がキツくなったら、あなたはどうされますか？ 大抵の場合は少し大きいのを買うことでしょう。そして、またキツくなったら、きっとまた少し大きいのを買うことでしょう。いけません、それが罠《わな》なのです。

そこでおすすめしたい方法があります。私やクライアントさんの多くが成功したダイエット法のひとつ。超簡単ダイエット、リアルイメージトレーニングです。つまり、服にカラダを合わせましょうよ、ということ。

カラダは非常に素直です。服のサイズにカラダが合わせようとします。だからこそ、大きな服を着るとカラダはもっともっと広がっていくのです。普段、カラダのラインを見せず、隠してばかりいると、カラダは怠けて、服のラインに合わせたボディラインになっていきます。

しかし、「意地でも、このサイズ以上大きくならない！」と決めて、そのサイズにカラダを合わせようとしてみる。するとどうでしょう？　カラダは大変賢いのです。「あれ？これ以上広がっちゃダメなの？　じゃあ、この辺で止まっておくか」になるのです。しかし逆に、ちょっとキツくなったくらいで、サイズを大きくすると、カラダは、そのサイズぴったりになろうとするのです。もちろん、逆もありきです。

私は以前、下半身だけがLサイズでした。特に太ももがすごいことになっていました。

しかしある日、決意したのです。穿きたかったのに避けていたスキニーパンツを穿きこなす！　スキニーを穿いて、ブーツインしたい！　と。

そのときのダイエット法が、この方法。ワンサイズ小さな、ストレッチがきいたスキニーパンツを家で穿き続けました。穿いたときは、あまりのムチムチ具合に鏡を見る度にのけぞりそうになりましたが、外では穿かずに家でいつも着用していました。

もちろん、決意はエクササイズやマッサージにも及びましたが、最初ピチピチだったLサイズのスキニーはいつの間にかMになり、Mが普通に穿けるようになると、さらに次はSサイズにチャレンジし、最初はキツくても、カラダはSサイズになろうとがんばりました。Mサイズになった頃にはそのスキニーを穿いて外にも出て、人の目にも触れることを心掛け、ついに念願だった、スキニーパンツをブーツインして穿ける日が来たのです。

カラダは、そんなふうに服に合わせてくれるもの。ただ、長時間は締め付けないように気をつけてください。血流やリンパ液などが滞ってしまいますから。逆に、いつもいつもゆるゆるな服を着ていると、カラダもダルダルになるのです。

意外に簡単なダイエット方法。意識が変わると、体形も簡単に変わるものです。デニムは、量販店でストレッチがきいたものが1000円位で売っています。最初はそんな感じで十分です。すぐに次のサイズにチャレンジしましょう。

そして、最終目標、自分がなりたい理想サイズの洋服は、ちゃんとした値段のお高い物にしたほうがいいと思います。なぜなら、その服を着られるようになるために、がんばるからです。高い買い物のためにはそれなりの行動を起こすことでしょう。決してあきらめなければ、カラダはそれを着用するために、変わっていってくれるのです。

多少太ったくらいで、洋服のサイズを大きくするなんてダメ！　意地でもそれより広がってはダメなのよ、とカラダに言い聞かせてください。

Column 01

MY BEAUTY ITEM

FOR MENTAL&HEALTH

私の美容アイテム

～メンタル&健康編～

MENTAL&HEALTH 001

お気に入りの
マイカップ&ソーサー

毎日丁寧に生きる、ということを意識してから、自尊心につながるよう、自分をもてなす意味で自分のためだけにカップ&ソーサーを使うようにしています。特にノリタケのイブニングマジェスティはお気に入り。／私物

MENTAL&HEALTH 002

栄養満点のジュース
豊潤サジーマイルド

抗酸化力、アミノ酸などを含むこのジュースと出会って5年。免疫力が上がったのか、風邪を一度も引いていませんし疲れにくくなりました。私にとっていちばん強力な健康と美容の助っ人です。（900ml）￥3760／フィネス

MENTAL&HEALTH 003

自分の顔は三面鏡で
正面だけでなく左右もチェック！

人の顔は正面から見ただけでは、平面図と同じです。それを気づかせてくれるのが三面鏡。自分を三方から見ることで、全体のバランスなども知ることができます。私は自宅の洗面所の鏡が三面になっているので毎日チェック。

MENTAL&HEALTH 004

私の愛するペット
マイケル（猫）&モモ（犬）

ペットとの触れ合いは、幸せホルモン、癒しホルモンとも言えるオキシトシン分泌に役立ちます。私のストレスや悩みのほとんどは、ペットで解消されていると言っても過言ではありません。2匹には本当に感謝しています。

Chapter 2

愛される女《ひと》の顔

美人はスキンケアから

今から4年前。私はお肌がとてもくすんでいて、ズバリ汚かったのです。ファンデーションはのらず、塗ってもすぐによれる。数時間もすると、のらないファンデと肌のくすみの見事なコラボレーションで、それはそれは見るも無惨なお肌でした。

その頃、あるセミナー講師の女性が私に言いました。「ワタナベさん、お肌残念ね〜」と。面と向かって「お肌残念」との言葉に軽いショックは受けたものの、背筋がピシッ！と伸びたような気がしました。人様の前に出る者として、こんな汚い肌をさらしている場合じゃない！と。

当時、私は幾人かのカリスマ美容家の意見を信じていました。よくいわれるアドバイスのひとつでもある「肌断食」は怠惰な私にとって、とても嬉しいものでした。だって何もしなくていいのだから。朝洗顔もぬるま湯洗顔だけでいい。なんて楽なのでしょう！リキッドファンデーションを落とすのにメイク落としジェルなどを使わなくてもいいって、めちゃ楽！

しかし、お肌のためといい、怠惰なスキンケアをした結果、私の肌はボロボロになっていたのでした。結局、朝洗顔をしないことで、オイリーな私の肌は皮脂で詰まりまくり、メイク落としを使わなかったので、ファンデが毛穴に残りまくり。もちろん、それらのスキンケア方法は合う人にとっては、本当にいい方法なのですが、私には合わなかった、ということ。私の肌は、ターンオーバーできず、どんどんくすんでいきました。

その後、友人のエステサロンへ。毎週、お肌の水分量と皮脂量を測り、3ヶ月に1度は、ファイバースコープでお肌のキメを見て、画像に残して比較する、というデータを取るようになっていろんなことがわかりました。今までのスキンケアは、私の肌質にはまったく合っていなかったのです。

さらに、当たり前過ぎることなのですが、お肌って本当に千差万別。正しい洗顔法、正しいスキンケア、肌にいい基礎化粧品……しかし、**正しいものがたくさん存在していても、自分にとって正しいものがどれなのかは、なかなかわからないのです。**

洗顔しないでも綺麗なお肌の人、化粧したまま寝ても綺麗なお肌の人、一本数百円の化粧水だけでお肌が綺麗な人、お肌をグリグリとマッサージしても何ともない人、逆に優しくマッサージしただけでもお肌が荒れてしまう人……。

あなたはいかがでしょうか？　自分の肌質がわからない状態で、周りの情報を鵜呑《うの》みにしていると、お肌は大変なことになってしまいます。

さて私はその後、ある化粧品に出会いました。紫外線大国であるオーストラリアで作った無添加化粧品でした。なんと、それを愛用している人々のほとんどが、ノーファンデ！　その女社長さんは私よりも年上でしたが、初めてお会いした日、「昨日は徹夜で飲んでいたからお肌ボロボロ〜」と言ったその肌は、ノーファンデなのに、つるつるぴかぴかでした。

さっそく私もその化粧品を使い、わずか2ヶ月くらいでノーファンデ生活になりました。その間、特に気をつけたのは洗顔と、両手で頰を覆う習慣です。両手で頰を覆うことによって、肌は自分に関心を持ってもらったことを細胞レベルで喜び、その結果状態がよくなるのです。

こうして「肌を綺麗にしよう、強化月間！」なるものを周りに宣言して実践していましたら、これまたタイミングよく、最先端美容医療の「ばいようひふ治療」というものをやっている会社からモニターの依頼を受けました。簡単に言うと、自分の細胞を培養し保管してそれをお顔や首、手の甲などに入れることで、その細胞を摂取したときの年齢の肌でいつまでもいられる、というものでした。好奇心の塊の私は話をお聞きして、安全性を確かめた上でお引き受けすることになり、そこから肌のトラブル（シワ、ほうれい線、クマ）などが改善されました。これぞ引き寄せ！　この治療法により私の肌はますます調子がよくなっていったのです。

女性にとってお肌は、その人を現すもの。カラダの内面の健康状態、生活習慣、また食生活も肌に出ます。つまり、お肌を見れば、その人の私生活や管理状態が覗《のぞ》ける、と言っても過言ではないのです。

シルクパウダーのすすめ

私は、ファンデーションではなくシルクパウダーを使っているのですが、お肌にとても優しく肌が活性化する働きがあるようで、肌にパウダーをのせただけでも、フォーカシング作用になり、毛穴などが目立たなくなります。さらに、ポイントメイクをしっかりすることで、見る人はお肌から視線が外れますので、ファンデーションを塗っていなくても、さほど気にならないものです。

またこのシルクパウダーは、洗顔した後の寝る前のお顔と首にさらりとつけるのも、おすすめです。なんと寝ている間にお肌の水分を閉じ込めてくれて、翌朝、お肌つるつる!

まずは、今お肌のトラブルがある方は、今のスキンケア方法を見直してみることをおすすめします。肌は丁寧に洗顔し愛情をこめてケアすることで生き返りますが、お肌がなかなか改善しない場合は、思い切ってファンデーションをやめてみることもひとつの方法です。勇気がいるかもしれませんが、お肌を早く改善したい方にはおすすめです。

「顔」は頭皮からデコルテまで！

お顔はせっせとお手入れしても、首、デコルテ、そして、お顔と一枚の皮でつながっている頭皮に手をかけている女性は少ないもの。でも、それは大きな間違い。

今日から頭のてっぺんの皮膚からデコルテまでが「顔」だと思うことにしましょう。

あなたはお顔以外のそれらの部分のケアは何か行なっていますか？　今から行なうことで、どうしようもなく深くシワが刻み込まれて手遅れになってしまうのを避けることができます。それではまず、頭皮からいってみましょう。

お顔に触らずしてリフトアップする方法が頭皮マッサージです。そして、頭にはたくさんのツボがありますから、そこを気持ちよく刺激してあげるだけで、お顔のたるみが改善されます。お顔のセルフマッサージは、ちゃんとした知識と技術がない人がやってしまうと逆にシワなどを作る原因になるので、自分ではしないほうがいいとされています。しかし、頭皮なら自己流で行なっても気持ちがよければ、ほとんどの場合お顔がリフトアップするので安心です。

ある日の、美容院。いつもと違う人が髪を洗ってくれました。「なんじゃこりゃ～」というくらい気持ちのいい洗髪。鏡を見てなるほどと思いました。顔がリフトアップしていたのです。正しく頭を洗っているだけで顔も引き締まることがわかった経験でした。

ある美のカリスマの方も朝晩50回ずつブラッシングをしていて、頭皮ケアも普段の美容の一環であることを著書でおっしゃっていました。それを読んでから、私自身も頭皮ケアには気を遣うようになりました。

あくまで私が行なっている頭皮ケアですが、このようなことを習慣にしています。

①シャンプー前にブラッシング
②シャンプー時には、頭皮マッサージに加えて毛穴まで洗えて血行をよくするソフトマッサージャーを使う
③バスタイムに指で頭皮と頭蓋骨を動かすようにマッサージ
④シャンプー後、頭皮へアエッセンスをつけ、ブラシでのマッサージ
⑤気が向いたときはいつでも、電動の頭皮マッサージャーやお顔用のコロコロで頭皮もマッサージ。

そしてさらにお顔のひとつとして考えていただきたい部位、首とデコルテのケア。正直言っ

て、お顔より気を遣ってほしいのが首。別の項目でも首のシワについて取り上げますが、ここではまず、お顔と同じケアをしてください、ということをおすすめします。

どんなに顔にハリがあってもシワがくっきり刻まれていたり、細かい縦ジワが入ってしょぼしょぼしている首だと、台無しです。若いうちからしっかりケアをしましょう。お顔には化粧水、乳液、クリームという基礎をしますが、それの延長として、首、そしてデコルテにも同じく化粧水、乳液、クリームを優しくマッサージしながらケアしてください。特に左の鎖骨の上のくぼみには、「鎖骨リンパ節」というところがあり、そこはリンパ節の最終的な出口、といわれています。ここが詰まっていたら全部が滞るので、デコルテケアのときはそこも優しくマッサージしてあげてください。

それを続けていきますと、綺麗に鎖骨が現れてきます。美しい鎖骨は、アクセサリーに勝る素敵な部分です。しかしながら、ケアを怠ると、鎖骨も埋もれてしまうことがあります。ちょっと私の経験を。

私は、若い頃、クッキリとした鎖骨が自慢でした。多少太っても華奢に見えますし、ネックレスなども映えますのでお気に入りの部位でした。ところが、鎖骨が見えなくなった時期があったのです。太ったわけでもないのに！　いろいろ調べてわかったことは、結局リンパの流れが滞っていた、ということ。流れが悪くなるとその付近に贅肉もつきやすくなり、鎖骨が埋もれてしまうのです。

ですから、鎖骨が埋もれた方は、湯船にでも浸かっているときに、鎖骨の位置を確認して、その骨の付近を「鎖骨よ、出てこーい」と念じながら丁寧にマッサージしてみましょう。特に、バストの上をグリグリと気持ちいい強さでマッサージするといいでしょう。

いかがでしょうか？　結構やることが盛りだくさん、という感じかもしれませんが、習慣にしてしまえば楽なものです。頭皮からデコルテまでがお顔であるという認識、忘れないでくださいね。

そのメイク、いつの時代のですか？

あなたのメイクは自己流ですか？　それともどなたからか習いましたか？　そのメイクの方法やアイテムはいつから同じですか？

洋服にはトレンド、というものがあります。多くの女性は、ファッションやヘアスタイルの流行はある程度取り入れていると思います。美容院に行って今どきバブリー（1980年代の景気がよかったバブル時の流行）なヘアスタイルにすることはないでしょうし、お店で服を買おうとしても、そんなに昔のデザインは売っていないですよね。

さらに、ファッション誌を買わない人がいたとしても、テレビにうつるタレントや街ゆく人や普段接する人の着こなしを無意識に見ているはずなので、何十年も前に流《は》行《や》った服を着る方はいないことでしょう。

しかし、ことメイクに限っては、どこかに習いに行く、ということはほとんどの方がされていないはず。自己流か、もしくは、見よう見真似か、または、大昔デパートのカウンターでビューティーアドバイザーさんがやってくれたメイクを何十年も変えず、色もそのまま、やり方もそのまま、という方がいらっしゃるのです。あなたはいかがですか？

洋服のトレンドは気にしていても、お顔が80年代だったら、それはとても残念なこと。

はたまた、未だにアムラー（1990年代の安室奈美恵さんを模倣したファッション）がいたら天然記念物ものなのですが、そのときの安室さんのメイクの特徴だった細眉のままでいる人をみかけませんか？　私は、メイクの手法をときどき見直してみることをおすすめします。

そこでやってみてほしいことがあります。コスメはドラッグストアやスーパー、ネットなどでは買わないことです。発色も確かめずに、そして、使い方を知らずに購入するのは本当にもったいないことです。ここは、ちょっと背伸びをしてでもデパートのコスメカウンターで買いましょう。その際、必ずお顔全体をメイクしてもらうのです。「デパートで買うのはハードルが高いです」とおっしゃる方も多いのですが、ここは自分の価値を上げるのにも役立ちますし、たったひとつのコスメを購入するだけで最先端のメイクレッスンを受けられる訳ですから、このサービスを受けないなんてもったいないことです。私はプロにメイクをしてもらう機会がちょこちょこありますが、その都度、本当に勉強になっています。デパートのビューティーアドバイザーさんですと、お顔の悩みや「こう見せたい」などの要望にもアドバイスをくださいます。特に私がいつも感動するのは、眉毛の形です。

眉毛は本当に流行があり、細くなったり太くなったり、上がったり下がったりと忙しい部分です。そして、眉毛ひとつでお顔の印象もまったく変わってきます。

ある知人女性は、「これでもか！」というくらい眉毛を細く、そして上げて描いていました。最後の描き終わりの端っこは、まったく下がらず、そのまま一直線（確か、大昔にそんな眉を描いていた女優さんがいたような……）。とても優しい彼女ではあったのですが、ハッキリ言えば、お顔がコワイのです。

眉一本で随分と損しているな〜、と思っていたのですが、なかなか私は言い出せませんでした。

しかし、あるときにその女性は菩薩《ぼさつ》様か！　というくらい優しいお顔立ちに変わっていました。細かった眉はナチュラルに、ピシーッ！　と上がって一直線だったその眉は、女性らしいなだらかなカーブを描き、全身からエレガントさが漂っていたのです。

眉毛で全身が変わっていたと言っても過言ではないのです。恐るべし、眉毛。アイメイクもよく見てみると、テカテカなまでに白のパールで眉下が光っていたのが消え、今風のナチュラルな目元に、チークも中央の頰からこめかみまで一直線の描き方だったのが、やわらかい頬を染めているようなふわりとしたのせ方。ちなみに、今までの紫色のシャドウは薄ピンクとベージュとブラウンに変わっていました。

メイクにもトレンドがあります。顔に服は着せられませんので、メイクは1年に1回はトレンドを取り入れるためにも、デパートへ行ったり美容雑誌を読んだりして、情報収集してみましょうね。

白いところはとことん白く　～その１・白い目～

以前、当社の商品の紹介のために、タレントさんふたりとテレビで共演させていただいたことがありました。そのとき、目が釘付けとはよく言ったもので、ふたりのある部分にビックリしました。私は、まさにガン見状態。それはズバリ白目です。あまりにも白かったのです。

白いところが白いだけで、かなりのインパクトがあります。白目と白い歯。芸能人はこういうところに気を遣っているのだと思いました。

年齢と共に、白目は肝臓の疲れなどにより濁ってきたり、よくない生活習慣が長年続いていますと、影響を及ぼすようです。そこで、日常でもできる澄んだ瞳を作る方法をご紹介します。

まず、目を白くするサプリ、と言われているものの中には、ブルーベリー、ビルベリー、ウコン、卵油、コンドロイチン、マルチカロチン、ＤＨＡ、プラセンタなどがあります。

私は、パソコンを１日中使っておりますので、生のブルーベリーを食べたり、ときどきブルーベリーのサプリメントを飲んでいます。それにより充血が少なくなりました。ちなみに、白目に評判のいい目薬も使用しています。澄んだ瞳と白目のケアとしていちばん大切なのは、やっぱり睡眠。睡眠不足は充血のもと、白目が濁ってきます。

サングラスを当たり前のものにする

目の疲れは美しさの敵。目が疲れていると顔全体、生命力が薄れ一気に老けて見えます。なるべく目が疲れないようにするためには、目に入ってくるいろんな刺激を減らすことが重要。パソコンを見る時間を減らせる環境にある方なら、ぜひここは少なくしてみて下さい。パソコンからはブルーライトが入ってきます。それを少しでも遮断すること。そのブルーライトを遮断する眼鏡がありますので、それを掛けてみましょう。驚くほど目の疲れがなくなることに気がつかれると思います。

それと、遮断して欲しいものがもうひとつあります。それは紫外線。外出されるときは夏ではなくてもサングラスを使用しましょう。恥ずかしいと言われる方もいらっしゃいますが、瞳から入ってくる紫外線は、結構危険なものです。

炎天下でサングラスなしに、長時間太陽を浴び続けていますと、簡単に角膜炎になってしまうことも。目がしょぼしょぼして涙がとまらなくなる、というつらい症状です。さらに、怖いこととして、白内障も紫外線が原因でなる眼病のひとつだと言われております。

白内障とは、角膜を通過したUV－B（紫外線B波）が目の奥の水晶体を損傷させて、水晶体が濁った感じになる病気です。ご年配者に多い眼病ですが、今はオゾンホールが大きくなっているので、年々若年化しているかもしれませんね。

では、どういうサングラスがいいのかというと、UVカットであることは最低条件で、大きめで色の薄いサングラスがよいでしょう。

サングラスが小さいと、あちこちから紫外線が入ってきますし、色の濃いものだと、瞳孔が開いてしまい、かえって目にダメージを与えてしまいます。ですので、いちばんNGなサングラスは、小さめで濃い色のサングラスです。

最後に澄んだ瞳、美しい瞳になる秘訣をもうひとつ。それは、美しい心。これに限ります。強欲、意地悪、不平不満、愚痴は瞳に現れます。心が美しい人は、どんなに小さな目をしていても、キラキラしています。心の純粋さが瞳に現れるのです。

そして、さらにもうひとつは、ワクワクする夢を持つことと、恋！　これに限りますね。恋は、すぐに瞳孔が開き、目が潤みます。

「目は口ほどに物を言う」。目のケアは、眼鏡などのアイテムによってだけでなく、メンタル面での充実も大切なことなのです。

白いところはとことん白く　～その2・白い歯～

あなたにはデンタルケアの習慣はありますか？

日本人の歯に対する意識は、アメリカ人からみたら低いとのことです。アメリカは歯科先進国と呼ばれていますので、と、言いましても、保険が適用されませんので、アメリカ人の歯に対する意識は相当高く歯医者さんに行かないですむように幼いうちから矯正することや歯石除去といったクリーニングなどを頻繁に行なうことで、綺麗で健康的な歯を保って将来の歯科治療費を節約するといった現実的な予防を考慮に入れたケアをされている人が多いようです。

日本の歯に対する意識はアメリカとは大分違いますが、やはり白くて整った歯になるだけで、笑顔に自信が出てくるようになるものです。あなたは人様の前で自信をもって思いっきり笑えるでしょうか？　笑顔であることの魅力は計り知れません。

歯が美しいだけで、笑顔も美人度も3割アップするのです。

ご年配の方が、若いときにしておけばよかったことのひとつに、歯をもっと大切にすればよかった、というのがあり、後悔されている方が多いようです。ちなみに、雑誌『プレジデント』のアンケートでは、健康欄の1位の回答が「歯の定期検診を受ければよかった」でした。

実を言うと、私も歯に関してだけはものすごく後悔しています。もし、子ども時代に戻れるとしたら、歯を大切にしたい。親がもっと歯に対して教育してくれていれば、と残念な気持ちになります。

歯を大切にしようという意識が低かった私の奥歯は、銀歯ばかりになっていました。講師の仕事をするようになって、人様の前に立ち、大きな口を開けて話をしたり、笑ったりする機会が増えるにつれて、だんだん銀歯が目立っているような気になって、治療することにしました。ここからが私の本気のデンタルケアの始まりです。

では日常的に何をしたらいいでしょうか？　歯を大切にするためにできることには、このようなことがあります。

・虫歯の治療をすること
・歯科検診に定期的にいくこと

・定期的に歯石を取ること
・毎日の歯磨きをしっかりすること
・デンタルフロスや歯間ブラシの習慣
・歯肉マッサージ（顔の上から歯肉をツボ押しのように気持ちいい程度に押す）

歯医者さんでは正しい磨き方の指導もしています。毎日の大切なことなのに、意外にきちんと磨けていない方は多いはず。しっかり学びましょう。また、最近では大変よい電動歯ブラシも出ています。私は歯医者さんがおすすめするナンバー1の電動歯ブラシを使っていますが、歯がワントーン明るくなりました。

また、最近の美意識が高い女性たちはホワイトニングも定期的にしています。私は銀座美容歯科で体験したことがありましたが、2～3トーン白くなりました。歯が白くなっただけではなく、透明感も出て歯が輝きます。これは本当におすすめです。

また、これはお金がかかることかもしれませんが、もし、歯並びや噛み合わせのせいなどで美しさが欠けているのではと悩んでいるなら、矯正を考慮に入れてみることをおすすめしたいです。歯並びを気にして前歯を見せて笑えなくて、上唇で前歯を隠すような笑いをすることが癖になって笑えていない人もいます。そうすると、頬が下がったり、縦ジワの原因になったりします。

私の友人やクライアントさんの中には、40代、50代で矯正を始めた方が何人もいます。また、ある30代の友達は不揃《ふぞろ》いな前歯でぎこちない笑顔に悩んでいましたが、思い切って両親に「花嫁道具はいらないから矯正のお金を援助してほしい」とお願いしていました。治療期間は3年かかりましたが、治療が終わった後は、踏み切って本当によかった！と今では美しい笑顔で歯をキラリとさせています。

最近は、歯の裏側に器具をつけたり透明の矯正具もあり、矯正していることがほとんど目立ちません。これは長期計画になるかもしれませんが、きっとやってよかった！と思える日がくることでしょう。「芸能人は歯が命」と言いますが、一般人だって同じ。美しい笑顔のためにデンタルケアを心がけていきましょうね。

口角トレーニングで表情美人になる

一般的に、美人か美人じゃないか、というのはどこで判断されているのでしょうか？　美人の定義は「容貌の美しい人物のこと」。簡単に言ってしまえば、外見が美しい人のことです。

突然ですが、あなたは「黄金比」というのを聞いたことがありますか？　グッドデザイン賞を受賞したような作品や有名な絵画、または世界遺産となっている建築物などの多くは、この黄金比に当てはまっています。

黄金比とは、神の比率とも言われ、あらゆる自然界において、最も美しいとされる比率のことなのですが、実は顔にも黄金比というのがありまして、誰でも美しいと感じる比率があります。その比率に当てはまる人が、いわゆる「美人顔」になります。

しかし、必ずしも、美人とされている女優さんたちが、この黄金比に当てはまっているわけではないようです。

ある美容整形の医師は、女性は特に「素敵な表情」によって美人にもなれるし、美容整形学的美人であっても表情によってはブスにもなる……と結論しておられました。そう聞くと、希望が持てますよね。

そう、表情で美人になれるのです！

「素敵な表情」といっても、人は嘘の表情を無意識に見抜きます。そして、「表情を作ろう」と意識すると本当の微笑みが出てきません。心から、温かい気持ちになって初めて、美しい笑みになり、表情が素敵になるのです。

そのためには作り笑いではなく、本当の幸福感に満たされた気持ちで口角を上げるよう努力すると、素敵な表情、そうです、表情美人になるのです。

ちょっとここで心理学のお話をしましょう。

ＮＬＰ（神経言語プログラミング）の用語の中に、キャリブレーションというのがあります。相手の無意識の部分（非言語）を観察して読み取ることをいうのですが、それは呼吸とか目の焦点とか瞳孔やお顔の部分から読み取ります。

また、表情、顔色、皮膚の状態（皮下筋肉）を観察します。表情筋は皮下筋肉ですが、心と皮下筋肉はつながっているので、思っていることは表面に出てきます。人間は何かたくらんでいるときや、意地悪な心持ちのときなどには、悪代官のように顔がアシンメトリー（左右非対称）になっていますし、緊張具合も口元の筋肉によく現れます。

常にそういう心でいる人は、表情筋にそういう部分が刻み込まれています。美しい女性を目指すなら、気をつけたいところですね。要は、心が美しいかどうかは顔に書いてある、ということです。

外見美よりも大切なのは内面美、というのはそこです。

私も、講師業をするようになってから多くの女性たちを見ているので、お顔の状態（加えて目線など）でその方のメンタルがだいたいわかるものです。

例えば、Aさんという女性がBさんと話すときだけ、表情筋がすごくアシンメトリーになっていました。他の人と話すときには、普通の皮下筋肉の状態なのに、なぜかAさんは、Bさんを見たときだけ表情筋に著しく変化が現れるのです。特に口角にゆがみがでるのです。目は笑っているんですけどね。つまりこれは、AさんはBさんに対して、心理的に何か緊張したり、不快感を持っていることが表情筋に現れる典型的な例です。簡単に言えば、顔がひきつってしまうのですね。

心は外見に如実に現れるものです。であるならば、心を養うこと、そして他の人への優しさや愛情、親切……こうした事柄を意識するだけで、驚くほど表情はもの柔らかに、温和になり、そして、女性としての魅力は発揮できるのです。あとは、笑顔でいることに慣れてしまえば、もう最強です。笑顔だけは万国共通のもの。そして、人を魅了する最大の武器なのです。

しかしながら、心が凝り固まってなかなか自然な笑顔ができない、という人はとても多いです。以前、私もセミナーのプログラムの中で、口角を上げるトレーニングを入れましたが、自分では上手に笑えていると思っている人の多くが、実は上手に笑えていない、口角が上がらない、本人は笑っていると思っても、意外に口が一文字という方がとても多かったのを覚えています。ですから、毎日、数回鏡を見ながら、自然な表情で笑えるトレーニングをしてみましょう。

心と表情はつながっています。心が愛にあふれ優しくなると、優しい表情に、いつも笑っていられると、多少元気がないときでも気分が元に戻ります。あなたの美しさは表情に左右されるのです。さあ、笑って！　笑って！

首のシワは枕でふせぐ

顔が若くても、首で年齢がわかる、とはよく言われています。首のシワは1回深く刻まれてしまうと、なかなかやっかいなもの。昔はメスが入れられない場所として、整形も美容医療も手が出ず、ご年齢がいった女優でも首にシワができた方は、タートルネックを着るとか、スカーフを巻くとかで隠すしかない部位でした。

最近では美容医療も進んできて、私は、「ばいようひふ治療」と呼ばれている自分の細胞を首に注入する、ということをやっています。しかし、そのようなスペシャルなケアよりも、日常的にケアすることはとても大切だと感じています。

幸い、私は首に深いシワはできていないのですが、私の年代でも、1本、はたまた2本、3本……と深くシワができている方を、ちらほらお見かけします。この違いを調べましたら、枕の高さが原因のひとつであることがわかりました。

私は若い頃から、枕が苦手で、バスタオルを折った程度の高さの物を使っていました。

折ったバスタオルではさすがに固くて痛いので、今はオーダーメイドの枕を使っています。格段に睡眠の質が違うのですが、首のシワができにくい、肩こり改善、安眠という美容効果があります。

例えば、枕が高い場合、寝ているときあごの位置が下がってしまい、首にシワができます。逆に、低い場合、あごが上がるため、口が開いて口呼吸になってしまう危険性も。正しい位置に頭がないと、皮膚のたるみにもなるので、要注意なのです。

では理想の枕の高さとは、どのようなものでしょうか？　それは、寝ているときの状態が立っているときと同じ状態になっていること。そうなると体形は人それぞれですから、ちょっとお高いですが、枕はオーダーメイドがおすすめなのです。

最近ではネックケアのために、保湿効果のある美容器具やネックパックや、ネックシートなども売られています。首のシワのケア用品は多いですが、**首のシワのいちばんの原因は枕ですから、オーダーメイドの枕のお値段が多少高くても、長い目で見たときには、断然こちらにお金をかけたほうが、首のシワは予防できます。**

また、自分にあった正しい高さの枕を買っても、枕の位置が違ったら本末転倒。多くの人は枕に頭をのせて寝ていますが、それは間違い。寝るときも、首を支えなければならないので、肩から枕を当てるようにすれば、首が支えられてシワができにくくなります。

その他にも首にシワを作らない方法として手軽にできることとしては、このようなことがあります。

・外出時は首にもＵＶ効果のあるクリームを塗る、スカーフなどで首を覆う
・一に保湿二に保湿……とにかく保湿！　朝晩のみならず、気づいたらいつでもすること
・寝る前にクリームをたっぷり塗り、タオルで首を覆って寝る
・朝晩のスキンケア時にネックマッサージ
・天井に向かって首のストレッチ　唇を突き出して「ウーッ！」

保湿はいちばん重要です。乾燥が小ジワを招きますので。私は、お顔のたるみ改善&保湿のためのハーブスプレーを持ち歩いています。乾燥気味だな、と思ったら、お手洗いに行くときにお顔にスプレーをするのですが、そのとき必ず首にもします。小さな化粧水を持ち歩いてもいいでしょう。

ちなみに、お手洗いというところは、用を足す場所でもあるのですが、女性にとっては、美の意識を定着する場所でもあります。否が応でも鏡を見ますし、そこで小さな美容習慣が

身につけば、必ずやお手洗いに行くたびに、そこでなんらかの美容をすることができる場所になるのです。

首のシワができたら最後。予防と改善の習慣化で、美しいネックラインを保っていきたいものですね。

メイクは心を穏やかにしてからスタート

あなたは、いつも同じメイクができますか？　私は日によって違う具合に仕上がります。当然、顔は日々変化しているものですから、変わるのは当たり前ではあるのですが、毎日同じようにメイクしているつもりでも顔は変わるのです。あるときは、完璧！　と思えるような仕上がりになり、あるときは、「何これ？」という顔になる。

心の状態は脳とカラダに直結しているので、イライラしていると、力が入ったり、手が雑に動いたり、同じようにメイクをしていても、仕上がりが悪かったりよかったりしているものです。それはプロのメイクの方もおっしゃることです。

ある著名なメイクアップアーティストが著書で書かれていましたが、メイクには精神状態が現れるのを職業柄痛いほどわかっているため、朝の自分のメイクのときには、必ずモーツァルトの音楽をかけて聴きながら、メイクをするそうです。

当社で製作・販売している商品のなかに、「Mind Switch」という、心地よいヒーリングミュージックと528Hz（メンタルの安定と美容効果のある音源）をBGMに自分を肯定する言葉が流れるCDがあるのですが、お客様からの感想で、それを聴いてからお肌の調子がすごくよくなった、とのお声をたくさん頂戴いたしました。これは穏やかな心になることが、表面に現れた典型的な例なのかもしれません。

メイクは心穏やかなときにする、ということは、鉄則としたほうがいいくらい。本当にクラシックをかけながら、脳波をα波優位にしてメイクするとお肌も違うような気がしますし、メイクもいつもよりも綺麗に仕上がるような気がします。

朝は時間もなくバタバタと取りあえずメイクをする、という方も多いですが、心の余裕を持つためのセッティングがあるのとないのとでは違うメイクになるはずです。

どうでもいいけど取りあえずメイクする、というのと、好きな人に会うために丁寧にメイクする、というのとでは、仕上がりに違いはあると思いませんか？　メイクはある意味、絵を描くのと同じく芸術ですから。

心とお肌もまた直結しています。リラックスしている状態や、心が穏やかでいることは私たち女性が美しくなるためには欠かせない要素です。

ただでさえ、女性は生理周期でホルモンのバランスなどもあり、何もなくても、「なんか腹立つわ～、ムカ～」というようなことがあるかもしれませんが、そんなときは、腹式呼吸でスーハースーハー。そして、美しい花を見つめるとか、ペットを抱きしめるとかで、その黒い毒素を自分から吐き出してからメイクをするようにしてみましょう。

イライラのままのメイクは、仕上がりがまったく違ってくるのですから。

さあ、明日からのメイクは、モーツァルトを聴きながら。

MY BEAUTY ITEM

FOR FACE

私の美容アイテム

～お顔編～

FACE 001

アイホワイト化粧品の基礎スキンケア

この無添加美白化粧品とは運命の出会い。人様の前に出る仕事なのにボロボロだった私の肌を救ってくれて、約2ヶ月でノーファンデ生活ができるまでになりました。基礎スキンケア¥6000～／アイホワイト

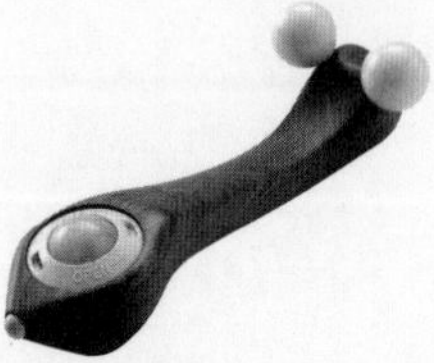

FACE 002

マッサージローラー ソフィル—e

私にとっていちばん手軽で効果を感じている美顔器。お顔だけでなく、頭、首、そして腕や脚にも使えます。旅行にも必ず持参。強力な磁気の効果でお顔のリフトアップを感じられます。¥32000／ルーヴルドージャパン

FACE 003

イノクサの目薬　ローション プレージュ ブルードロップ

タレントさんとお仕事をご一緒させていただいたときに、白目があまりにも白くて驚き、それがきっかけで見つけた商品。仕事柄、パソコンに向かう時間が長いのですぐに充血していましたが、疲れ目が軽減し充血も改善。／私物

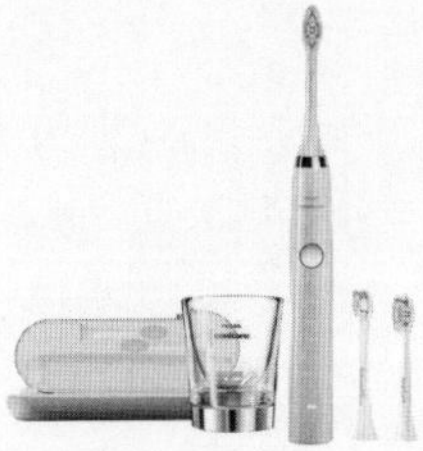

FACE 004

ソニッケアーの電動歯ブラシ ダイヤモンドクリーン　HX9303

いろんな電動歯ブラシを使ってきましたが、この商品は凄いです。これを使ってから、歯の色がワントーン白くなり、歯自体もつるつると輝いています。歯医者さんがおすすめするのも納得です！　¥27800／フィリップス

Chapter 3

愛される女《ひと》のカラダ

カラダとメンタルはつながっている

拙著『一週間で美人に魅せる女《わたし》の磨き方』にも書きましたが、よく自己啓発で言われている〝自分を大切にする〟とは、内面的な部分を大切にするだけでなく、文字通り、カラダのケアも含まれるのです。

自分のカラダが喜ぶことをしてあげること、これを続けるだけで、メンタル面での平衡《へいこう》が取れるようにもなります。自分を大切にしない人は、カラダのケアも怠る傾向があるのです。

まずは、セルフケアから始めましょう。

自分に手をかけているうちに、自分が本当に大切な存在であることに気づいてくるのです。

なめらかな肌の作り方

お風呂でカラダを洗うときとその後のちょっとしたひと手間で、なめらかな肌を作ることができます。いくつか提案がありますので、実践できることからトライしてみてください。

まずひとつ目は、ボディソープや石けんを使って洗わない、ということです。そう言うと多くの方に驚かれるのですが、ボディソープは合成界面活性剤などカラダにあまりよくない成分が使われています。ですので、それらを使うと逆に肌が荒れたり、乾燥肌になってかゆくなったりする方もいます。

石けんを使っていますと、どうしても落としてはならない油分や皮脂まではぎ取ってしまい、お風呂上がりに乾燥気味になりがちです。

それで、代わりに何で洗うのかと言いますと、マッサージソルトを使います。私のお気に入りのマッサージソルトは、ロイヤルハニー入り、またはアロマオイル入りのものでして、力を入れず、優しくお肌をなでてマッサージするだけで、いらない角質がとれて、すべすべのなめらかお肌になっていきます。

マッサージするときは、ボディに感謝の気持ちをのせてなでましょう。お肌は、化学繊維の何かでゴシゴシとこすられるよりは、素手で触られるほうがカラダの細胞そのものが喜び目覚めるような感覚になります。そのような状態のときに「ありがとう」の心でなでれば、さらにお肌は喜びます。逆に、化学繊維の物でのゴシゴシは黒ずみの原因にもなるので要注意です。そして、決して強くこすらないこと。

また、特に足と脚のツボ押しもおすすめ。足の甲にはたくさんのツボが集中していまして、例えば足の親指と中指の骨と骨の間には、胸部のリンパ腺のツボがありますので、そこをイタ気持ちいいくらいの力でツボ押しします。胸部のリンパ腺は先の章でも扱いましたように、鎖骨周りの滞りをなくすためには大切な場所ですので、念入りに押します。

さらに、お湯でソルトを流すときに、もうひと手間掛けてみてください。**ふたつ目のなめらかお肌の作り方ですが、それは、ソルトを塗ったぬるぬるのときに、馬の毛で作られたボディブラシで、これまた優しくなでてみること。**

ボディブラシで、皮膚のすぐ下にあるリンパ管や毛細血管に働きかけ、血行を促進しましょう。そのひと手間によってなめらかな肌になるだけではなく、冷えやむくみが改善され痩せやすいカラダに近づきます。また皮脂腺が刺激されることによって、皮膚の自然な保湿効果を促し、しっとりしたシルク肌を作る、という効果も。お風呂前の乾いた肌にもできるそうですが、私は濡れた肌に使ったほうが滑りがよく心地よかったので、そうしています。

なめらかお肌の作り方の3つ目は、お風呂上がりに、ボディ乳液を使わずあるもので代替えしてみること。あなたはお風呂上がりは何かお肌につけていますか？

ボディスプレー、ボディローション……いろいろとあるかもしれませんが、実はこれらはカラダの乾燥を防ぐどころか乾燥を促してしまう場合もあるのです。なぜでしょうか？

乳液タイプのボディローションは、水と油でできていますが、水と油は混じり合うことができません。それで、一般的にはそれらを混じり合わせるために、合成の界面活性剤（乳化剤）というのを使います。それはお肌にはいいものではありません。

また、ローションが薄めのトロトロの乳液の場合は水分が多い、ということですから、カラダに水分を多量に入れてしまうと、蒸発も多くなり、肌の水分まで奪ってしまうということなのです。ですから、乳液タイプのボディローションをつけたら、逆に乾燥肌がひどくなった、という人がいるのです。私の場合もそうでした。

それで、ここで登場するのがアロマ配合のボディオイルです。お風呂上がりのまだ水分がカラダに残っている状態で、オイルで軽く全身をマッサージするのです。太ももはちょっと力を入れ、リンパマッサージをしながらオイルを塗るのです。水分がカラダに残った状態ですので、ベタベタにはなりません。最後にシャワーを浴びても、またはホットタオルで拭き取っても効果は変わりません。これで、モチモチでなめらかお肌のでき上がりです。

この工程を考えますと、ちょっと面倒な気がするかもしれませんが、「美は一日にしてならず」の精神で、こういうひと手間を習慣化したいものですね。毎日の積み重ねが、美しさをつくるのです。

意外に見られているひじ・かかと

昔（美容なんてことにまったく興味がなかった頃の話）、非常に恥ずかしい思いをしたことがあります。夏、靴下やストッキングを穿かない季節に、当時お付き合いしていた人と部屋でくつろいでいたとき、彼が私の足の裏を見てこう言ったのです。「自分〜、うちのおかんと同じかかとやな。ガビガビやん」……30歳のときでした。

私の脳内で彼の言葉が、「ガビガビや〜ん、ガビガビや〜ん、ガビガビや〜ん」と何度もこだましました。彼が帰ってから速攻、ドラッグストアに走り、軽石と足裏の尿素入りクリームを買って、その日からかかとケアに目覚めたのでした（しかし、軽石でのケアはあまりたくさんするのはおすすめしません）。

サンダルの季節になってからせっせとかかとケアを始めがちですが、普段からお手入れすることを強くおすすめいたします。なぜなら、思わぬところで足の裏やかかとを見せる機会って結構あるからです。私は週に一回ジムでピラティスをやっているのですが、そのときは裸足になります。足の裏を誰かに見られる、というのはまるで裸を見られているような気になるものです。

また、こんなことがありました。あるセミナーで、とても若くてキュートな女性がいました。20代後半くらいかな、と思っていて年齢の話になったときに、ご本人は「えー、私、もぉ43歳ですぅ〜」とおっしゃっていました。一瞬驚きましたし美しさを保たれていて素晴らしいと思ったのですが、**顔やファッションが若くても、ご年齢通りの場所がありました。それはひじ。**

彼女のひじの上はたるんでいて、黒ずんでいました。それを見た後、私は家に帰ってから慌てて自分のひじを見ました。ひじのケアなんてそのときまでしたことがなかったからです。するとどうでしょう？　私のひじもその43歳の女性と同じく黒ずんでたるんでいました。ものすごくショックでした。

ひじが黒くなる理由は、刺激と摩擦と圧力です。それらにより角質が厚くなってくる。その後、色素沈着、ということで黒ずんでくるのです。知らず知らずに頬づえをついたり、机やテーブルにひじをつく習慣がありますと、黒ずんでいる可能性があります。ぜひチェックしてみてください。

私はパソコンでの仕事がほとんどですから、ひじをついている時間が長いです。やはり多くひじをついている左側の方が、より黒ずんでいました。それ以来、ひじをつかない習慣が身につきました。そして、そのときからひじケアもするようになり、ひじの黒ずみとたるみは、だいぶ改善いたしました。

こうした小さなところにこそ年齢と美意識が出るものなのです。確かに、全身どこからも完璧！　というふうにはなれないかもしれませんが、こういうところのケアも怠らないように、習慣化しましょう。

ではまず、かかとの簡単ケアからご紹介します。

・ときどき角質のケアをする（頻繁にすると角質が逆に厚くなるので要注意）
・ローションやクリームやオイルをお風呂上がりに塗る
・かかとケア用の靴下を履く

次にひじのたるみと黒ずみケアについて。

・角質をソルトなどでときどきケアする
・気がついたら化粧水と油分を与える
・ひじをつかない（パソコンを長時間使う人はアームクッションなどを使用）

・脇の下をグリグリマッサージした後、オイルかクリームをつけてひじの下から何度も脇の下に向けてマッサージする

完璧になる必要なんてありませんが、見えないところのケアこそ習慣にして、いざというときにいつでも、素足になったり、半袖になれるようにしておきたいものですね。

ブラジャーのサイズ、最後に測ったのはいつですか？

実際のところ、正しいサイズの下着を着ている女性はとても少ない、と知人の下着アドバイザーがおっしゃっていました。下着屋さんでサイズを測ってから2〜3年ならまだしも、30年もなんとなく同じサイズを着用し続けている人もいるようです。

そしてふくよかな方に多いのが、小さなサイズの下着をつけ続けている人。女性の心理としては、少しでも小さなサイズの下着を着たいという、願いの反映かもしれません。

しかしながら、後ろから見たときに、ブラジャーの線でボンレスハム状態になっている姿は、大変見苦しいものですし、むしろそのほうが太って見えるのです。正しいサイズのブラジャーを着用するだけで、背中までもがスッキリします。小さなサイズのブラを無理矢理していることで、胸が育たなかったりすることもありますので、要注意です。

羞恥心からかブラジャーを試着してから購入する女性は、少ないようです。ですが、恥ずかしがっている場合ではありません。見た目で損しているのですから恥ずかしさは1度捨てたほうがいいでしょう。ブラジャーは、必ずお店で計測して、試着して正しいサイズを購入してください。

私は若いとき、ショーツ&ブラジャーは上下セットで1000円というのを買っていました。安いけどかわいいからいっか！　の気持ちで着用し続けていました。ブラジャーは、補整力ゼロで、何となく胸に貼り付けてあるフリフリの布、という感じ。自分の計測では、アンダーとトップの差が10センチでしたからAカップを使用。Aカップの胸にコンプレックスを抱き続けていました。

30代半ばになってやっとちゃんとしたブラジャーを買おうと思い立ち、下着屋さんで計測してみてビックリ。70Cか、または65Dと言われたのです。さらに試着してみてビックリしたのは、肩ひもをかなり短くして着用すること。「え？　カップってそんなに上にあげるんですか？」と驚きました。トップの位置は、これまでと比べて4〜5センチ、上に位置していました。貧乳に加えて、どれだけタレ乳だったのでしょう。

ある日、出張先でアロママッサージを受けていたときのこと、施術者さんとバストアップの話になりました。施術後、何となく胸が大きくなっていたような気がしたのです。そんなことってありますか？　と聞いてみましたら、彼女はこう言ったのです。

「30代以降からのバストアップって、意外に簡単ですよ」と。それは、この年代になりますと、カラダに脂肪がつきやすいのですが、その脂肪は若いときと違ってだいぶ柔らかいのだそうです。ですから、正しいサイズのブラジャーを正しく着用し、そこに脂肪を流して脂肪を覚え込ませれば、ちゃんと胸に定着し脂肪がバストになっていく、と言っていました。

なんと心強い助言なのでしょう!!

私はその後、サイドビジネスで補整下着の販売も始めたのですが、正しいサイズの下着を着用するだけで、いかにボディラインが変わってくるかがよくわかりました。多くのお客様が、正しいサイズの下着を着用し続けることで、メリハリボディが作られて、ボディサイズはワンサイズダウン、バストサイズは1～2サイズアップになっていきました。

私自身も、40代以降からは胸が削げ落ちてきてあばら骨が浮いて見えるようになっていたのですが、正しいサイズのブラジャーを正しく着用することによって問題は解決しました。

ブラジャーを買うとき、計測&試着は必須! メーカーによってはカップの大きさなども若干差があるので、まずは試着を習慣にしてください。

それとプチ情報といたしましては、一般的なブラジャーの寿命ですが、毎日着用という計算でいけば、ひとつがだいたい90日と言われています。簡単に言うと、4つあれば、4日×90日＝360日。ちょっとお高い補整下着の場合は、使っている生地が違いほとんど伸びませんので、もっと寿命は延びます。ひとつの目安にしてみてください。

ベッドは人生3分の1を過ごす場所

私が3度の食事よりも好きなこと、それは、お昼寝。まあ、お昼寝のみならず私は寝ることに関しては、人生の喜びの中の3本の指に入るくらい大好きで、「寝る直前の顔がいちばん幸せそう」と親から、今までお付き合いした人たちから、夫から、とにかく幾人からも言われてきました。

自覚があるのですが、2度寝する喜び、寝坊する喜び、疲れたときのお昼寝、仕事をがんばった日の夜の睡眠……ベッドに潜り込んだときの至福感といったら最高です。

しかしながら、独身時代は、安い給料で、ボロボロになって疲れて、ただ寝るだけの場所のためにお金をかけるという感覚はありませんでした。寝ることができれば同じ。意識がないところにお金をかけても無駄と思っていました。

しかし、価値観が変わるときがありました。それは結婚するときにベッドを選んでいたときのこと。私は、その意識のないところにどれだけお金をかけたらいいか迷いました。

そのとき、夫がこう言ったのです。

「人生の3分の1を過ごす場所だ！　そこにかける金をケチってはいかん！」と。

何だか、「ハッ！」と目が覚めた感覚になりました。ベッドにいる時間は合計してみると結構な長さなのです。しかも、寝るのが私の喜び。それで以前からほしかった高額のベッドを検討することにしたのでした。これは、12年前の話です。

あれから時が経って最近、ベッドの買い替えの時期になりました。いつも行っていた家具屋さんにベッドのことを相談すると、片っ端から試し寝をさせてくださいました。ああいうところではおすすめする順番というのがあるのでしょう。いちばん高くて寝心地のいい物から試し寝をすすめられ、そこに寝てみました。その日は一日中歩き回っていて疲れた日でしたので、横になった時は1分で眠りに落ちてしまいそうでした。と思ったら、横を見たら夫はすでに寝息を立てていました。

信じられないような寝心地だったのです。その後、ランクをひとつずつ下げて行き、最高級のベッドで寝ている夫を横に、私は本気でいくつものベッドの試し寝をしていったのです。が、もちろん最初のベッドにかなう商品はありません。

流れ的に、そのベッドを購入しない理由すら見つかりませんでした。だって、人生の3分の1を過ごす場所！　そして、私は他人よりも眠りが好き。私の英気を養う最高の場所なのです。

カラダに合ったベッドを選ぶというのは、女性の美しさとも関係してきます。柔らかすぎるベッドや硬すぎるベッドは安眠を妨げ、腰痛の原因にもなりかねません。**よく眠れた日の肌の状態と、寝不足の肌とお顔の状態が、見た目年齢を5歳以上左右することだってあり得ます。**

また、人生の3分の1の時間を過ごす場所、という意味では、ベッドのみならず、寝具関係を自分好みの物で揃えられたら、本当に癒しの場所になるということです。特に女性は、五感の中で触覚（身体感覚）を大切にする、と言われています。肌触りが心地よいと満足度がかなりアップするもの。

ベッドカバーやシーツも、感触がよく清潔なものを。色もご自身にとって安らぐ、心地いい色を選びましょう。

また、寝室の環境作りという点においては、カーテン、ラグマットの色、そして、照明は間接照明などの暗めの落ち着く色をチョイス。音楽も、f分の1のゆらぎが感じられる、ヒーリングミュージックなどで、アルファー波が優位になるような落ち着くものを。深い眠りにつくためにアロマを焚いておくのもおすすめです。

さて、何から取り入れますか？　人生の3分の1を過ごす場所。ザッと計算してみて、予算的にどこから快適睡眠ライフを作っていくか、行動計画を立てるのもおもしろいでしょう。あなたにとっていちばん英気が養える場所。それはベッド（もしくはお布団）。そしてその場所は、寝ながら美容の実践にもつながります。

ショック体験があなたを美しくする

私の場合、美容に関しての行動の動機付けは、ショックから来るものがほとんどでした。先の項目にも書きましたが、ひじやかかとのケアを本気で始めたのも、ショックからでしたし、スキンケアに関して行動にうつしたのは、他の人から本当のことをズバリと言われ、ショックを受けたからです。

ちょっとここで、人間の行動したくなる「動機」の部分について考えてみましょう。これを考えますと、美容の習慣化が非常にしやすくなります。

「動機」とは、行動を起こすための直接的なきっかけです。この「動機」が明確になっていないと、行動することも、それを継続することも難しいでしょう。

人間が行動する動機には、大きく分けてふたつの理由があります。

それは、行動しないことで招くリスク（痛み）を回避したい、という動機。これを否定的動機付けといいます。

そして、もうひとつは、それとは逆に、行動することで得られるメリット（快楽）を手に入

れたいという動機です。これを肯定的動機付けといいます。

例えば、ダイエットを例に考えてみましょう。そもそもなぜダイエットをしようと思うのでしょうか？

それは、自分が今太ってしまっていてもしダイエットをしなければ、見た目も格好悪いから。健康にもよくないし、動きも鈍くなり、疲れやすくなる。そういうリスク、痛みを避けたいがためにダイエットをしたいと思うのです。これが否定的動機付けです。

一方で、ダイエットすることで健康になり、美しいボディラインが手に入る。ファッションを楽しめる幅が広がり、カラダも軽くてフットワークも軽くなる。かわいくなるのでモテるかもしれない、恋だって始まるかもしれない……。これが肯定的動機付けです。

このふたつを簡単に言いますと、ダイエットしようと思う動機は、不健康に太りすぎている人を見て「ああはなりたくない！」という気持ちと、健康的な体型の人をみて、「あなりたい！」というふたつの気持ちがあるからなのです。

実は、なかなかダイエットが続かないという人は、このダイエットしたときとしなかったときの想像力が乏しいと言えます。ただただ、「夏が来る前にダイエットしたい」とか、漠然と「痩せたいな〜」では、動機付けが薄く、結局、元に戻ってしまいがち。

ダイエットをしないことのデメリットと、したことで得られるメリットを、しっかりと見つめることが必要なのです。

ちょっと私のダイエット経験を書きますね。

私は、現在、自分の思う理想体重をキープしています。しかし、以前は、今よりも7、8キロほど太っていました。「痩せたらいいな〜」と漠然と思っていましたが、40歳も過ぎると、それだけではなかなか痩せません。なにしろ基礎代謝が落ちているので、今まで通りの食生活や運動量では太る一方なのです。そして、どこかでその体形の自分を許していました。しかし、そんな私に転機がきました。それは、ウォーキングレッスンに行ったときのことでした。

そこの会場は、前が全面鏡張りで、横にも鏡があり、見たこともないような角度から自分の全身が映し出されていました。私は、そこで自分の体形にビックリ！　もっとビックリしたのは、先生の立ち姿、スタイル、ボディラインがあまりにも美しいこと！　自分とのスタイルの差がビジュアルで脳内にブチこまれました。

このショッキングな体験で、一瞬にして、ダイエットをするメリット（肯定的動機付け）、つまり先生の美しい姿と、デメリット（否定的動機付け）、ここでは私のいけてないスタイルを直視するという、動機付けが明確になったのです。

行動することと、継続することは、つらいことでもしんどいことでもありませんでした。自分のバランスが悪いカラダつきと、先生の美しいボディラインが頭から離れなかったからです。そして先生を見たときに、美しいということは強い（健康という意味）！ということも感じたのです。それだけで、私は2ヶ月間毎日欠かさず、エクササイズを続けることができました。

皆さんも、動機付けが明確になったら、次のことをしてみてください。それは、**なにもしなかったときの1年後の自分の姿をリアルにイメージすることと、その美容習慣を1年間続けた後、どうなっているかのイメージングです。**

このように、行動することでのメリット、行動しなかったときのデメリットを明確にしておくことは、行動の継続力、つまりモチベーションをあげる上で、とても重要なのです。

この両極端を想像しただけで、私たちの行動力は上がっていきます。人生はとても短いものです。あっという間に過ぎてしまいます。あなたが今行動するかしないかで未来はまっく違ったものになります。

ショックは心が痛みますが、そのショックでモチベーションが上がり、美しさを手に入れた女性たちはたくさんいるのです。うまく利用して、いい美容習慣を身につけたいですね。

Tバック着用のすすめ

皆さんは小学生の頃、ショーツはどんなものを穿いていましたか？　私の時代、ショーツといったら、おへそまで隠れるデッカいパンツが主流。

私は、あの格好悪く見えるデカパンが大嫌いでしたが、母親から買い与えられた下着を穿いていたわけです。中学になったときに、デカパンが嫌で、下着は自分で買いたいと母親に直談判。それが間違いの始まり。私のヒップラインが崩れる序章だったのです。

デカパンが大嫌いだった私は、中学に上がるとすぐに、小さなかわいいショーツを穿くようになりました。しかし、ここにある落とし穴が……。

そう。**小さなショーツは、ヒップラインをつぶすのです！**

それを穿くこと数十年。ヒップラインなんて気にもとめていませんでした。大人になってから、しかも30歳を過ぎてから、自分のヒップを鏡でマジマジ見て大変驚きました。ヒップラインが2段になっていました。2段尻です。

私は、30代前半は下着にまで意識が向かず、そのままヒップを包み込むパンツを穿くこともなく、ときどきTバックにチャレンジするも、食い込み感に異常なほどの違和感を覚え、2段尻にビックリした割には、ヒップラインを見ないふりをして放置していました。

数年前に、ブログの読者さんに、Tバックやタンガをすすめられたことがありました。素直な私はすぐそれらに二度目のチャレンジ。でも、違和感になじめずまた断念……。

それから数年後、補整下着の仕事に関わるようになったのをきっかけに、自分のカラダの形が変わり出すのを目の当たりにして、もう一度だけ、ヒップラインを整えることにチャレンジし、46歳にしてようやくTバックに慣れたのです。

ヒップラインについてですが、なぜ、私が、もう勝負することもないであろう年頃である46歳になってから、もう一度Tバックにチャレンジしたかといいますと、それは、ある暑い日のことがきっかけでした。

街を歩いていたときに、目の前を歩いていたひとりの女性に目が釘付けになりました。ピチピチの白のカプリパンツを穿いている女性。ショーツの線がクッキリしていて、しかもヒップラインが2段になっていたのです。それを見て怖くなった……きっかけはただそれだけなんですけどね。やはり、ヒップラインは年齢と美意識が出る部位だと改めて思ったのです。

それを目にしてから、やたらとパンツを穿いている女性のヒップが気になり、変態のごとく、女性のヒップを見まくりました。そうしたら、やはり綺麗なヒップラインをしている人は、Tバックを穿いていらっしゃる。ショーツの線もまったく見えず……。

Tバックがおすすめなのは、第一にヒップの丸みをつぶさない、ということ。そして、セクシーである、ということ。さらに、Tバックを穿きますと、ヒップに意識がいく、ということです。

意識が向いているところというのは、無意識に緊張感や筋肉を使っていますので、見ているだけでも引き締まるものです。Tバックを穿くとき、または脱ぐときは、鏡に映して自分のヒップラインを確認してみてくださいね。それだけで引き締まっていきます。私も何十年間も2段になっていたお尻が、Tバックのおかげで少しずつ変化してきました。

ヒップラインを早く整えるいちばんの方法は、Tバックの上から正しいサイズのガードルを穿くことと、ヒップアップのエクササイズです。Tバックだけですとお尻が冷えたりしますので、締め付けないガードルはおすすめです。さらに、エクササイズも「ながらエクササ」で十分です。歯を磨きながら、脚を後ろに蹴り上げる動作を朝晩左右10回ずつ、計20回するだけで、ぷりっ、と引き締まったヒップができ上がってきます。

また、Tバックを穿くことにどうしても違和感がある方は、ヒップラインをつぶさないお尻の下までしっかり包み込むショーツを選びましょう。ぜひ、今からすぐにでもTバックにチャレンジしてください。長くても1週間もあれば慣れてきますから。下着でヒップラインは変わってきます。いくつになってもラインは変わるのです。目指せ、桃尻！

大人の脱毛事情 あなたのお手入れはどこまで？

春先から初夏にかけて、ムダ毛のお手入れをされる方はとても多いと思います。脇の下、脚、腕はされますか？ もっと細かに言えば、襟足や背中、太もも、そういったところまでカミソリをあてている方は多いかと思います。しかし、アンダーヘアに関しては、なぜか避けている女性たちが多いようです。

最近、エステサロンではレーザーや光脱毛のメニューも多く入り、全身脱毛をされる女性は以前と比べて大変多くなりました。全身の中には、アンダーヘアのお手入れである、Vライン（ビキニライン）、Iライン（膣周り）、そして、Oライン（肛門周り）の脱毛メニューを取り入れているところも増えました。

先の項目でTバックのすすめを書きましたが、Tバックを穿くとなると当然のごとく、アンダーヘアのムダ毛の処理が必要になってくるわけです。**見えないところのお手入れこそが本当の美意識。はみだし注意なのです。**

私の初めての脱毛経験は小学生のときでした。腕と脚が毛深くて、本当に心を痛めていました。小中高と脱色剤や脱毛剤でコツコツ処理していました。しかし、アンダーヘアのムダ毛処理に興味をもったのは、もっともっと遅くて40歳過ぎてから。嫁入り前に、光脱毛とかやっていればよかったと今更ながら思います。

アンダーヘアのお手入れは、歴史をさかのぼりますと、古代エジプト時代のクレオパトラにまで辿《たど》り着く、と言われているようです。美しい女性は、アンダーヘアのお手入れもかかさなかったんですね。海外では、アンダーヘアのお手入れは当たり前のエチケットとなっていましたが、日本でその習慣が受け入れられ始めたのは、ドラマ『SEX&THE CITY』が放送されてからかもしれません。最初は、「ブラジリアンワックス脱毛」という、ワックス剤を脱毛部分に塗り一気にはがす脱毛方法が話題となりましたが、今はレーザーや光脱毛などの脱毛方法も一般的となっています。

実を言いますと、アンダーヘアの処理、というのは何も美意識のためだけではありません。衛生面でもとても大切なことなのです。生理のときや用を足した後に、アンダーヘアについた菌が繁殖してしまい、かぶれたり臭いの元になったりすることもあるのです。最近では、50代60代の方でも「VIO」の脱毛をされる方が増えている、とのことをエステサロンの方からお聞きしました。

さて、脱毛は、自分でやっていらっしゃいますか？　それともサロンに行っていますか？　それとも何もやっていませんか？

最近では、だいぶサロンでの脱毛に関しては敷居が低くなりました。サロンでは、若い方を結構お見かけします。30代、40代の方は抵抗を感じている方も多いかもしれません。

しかし、ボーボーのままではいけません。ショーツからはみ出していてもいけません。美しくTバックを穿くために、ぜひお手入れしてみてください。

なるべくサロンに行くことをおすすめいたしますが、手始めに、自分でのお手入れ方法をご紹介します。

まずは、長さを整えます。ハサミで切るとチクチクしますので、市販されているアンダーヘア用のカッターがあります。熱で切るので、先端が丸くなり、チクチクしません。

これをしただけでもかなり形が整います。

その次にアンダーヘアをどんな形にするかを決めます。Vラインに関しては、だいたい指3本分くらいのヘアを残すようです。ポピュラーなのが逆三角形と、長方形、円形（卵形）と言われている形です。ネットで調べますと出てきます。あと、最近はハイジーナといった、無毛にされる方もいらっしゃいますが、これは膣の形によっては、似合わない方もいますので、注意が必要です。

そして剃っていくわけですが、お風呂のときに、剃る部分を泡で滑りがいい状態にします。そして、まずVラインを剃っていきます。次にIラインですが、股の付け根あたりまで剃ります。Oラインに関しては、見えない部分なので、彼氏に手伝ってもらうか、もしくはやはりプロに任せたほうがいいです。また、抜かれる方もいらっしゃいますが、おすすめしません。皮膚へのダメージが大きいからです。

最近では、自宅用の光脱毛器なども出ていますので、それも合わせて上手に使われることをおすすめいたします。私は今、もっぱら自分で自宅用の光脱毛器を使ってムダ毛のお手入れをしています。出力が家庭用なので、肌を痛めることもなく、マイペースにお手入れできますので、こちらもおすすめです（脱毛器によっては、デリケート部分には使用できないものもありますのでご確認ください）。

脇や脚、腕のムダ毛の処理は当たり前になった時代ですが、この部分、1年中いつでも見せられるような状態にしていたいですね。何気なく脇の毛が見えてしまった！　なんてあり得ません。見えないところこそ、お手入れが必要です。

気品は美しい背中から

講師業を始めて間もない頃でした。セミナーが終わり、あまりの疲れにホテルでアロマッサージを受けたときのこと。その施術は背中から始まるのですが、施術者が私の背中に手を置いた瞬間こんなことを言いました。

「随分と気を張ってお仕事をされているんですね。人様の前に立つお仕事をしていらっしゃいますか?」と。

私はとてもビックリしました。なぜ背中を触っただけでわかったのか、お聞きしましたら、何人も施術するようになってから、背中を触るとその人自身がどういう生き方をしているのかが何となくわかるようになったそうです。

私は妙に納得しました。なぜなら人間、背中に生き方が現れるからです。これは、本当にそう言えます。よく子は親の背中を見て育つ、という言い方をしますが、この意味は、親の生き方(生き様)を見てそれに影響され育つという意味です。それと同じく、**人は背中にその人となりが現れているものなのです。**

そして、背中からは言葉では表現できない気品なども漂います。気品は見えるものでも計れるものでもありません。なんとなく漂うもの。どんなに高級なものを身に着けても、気品がない人には漂いません。逆にどんなに質素な服装をしていても、気品がある人は、その人の背中や立ち姿だけでわかるもの。

そこでおすすめなのが、背中を意識して生活してみる、ということ。よくダイエットをするときに皆さん、こうおっしゃいます。「お腹が出てきたので、お腹周りを細くしたい」と。しかし、お腹の部分痩せをがんばるよりも、背中に気を遣うだけで、お腹は絞れます。さて、どうしてでしょうか？

お腹についた贅肉は、実のところ取れやすいのですが、背中についてしまった贅肉はなかなか取ることができません。しかし、背中を鍛えると、お腹もおのずと鍛えられるのです。

背筋を伸ばしただけで、胸が開きます。そうしますと、おへその両脇にある腹直筋という筋肉が鍛えられるのです。背中を意識して正しい姿勢をし続けるだけで、お腹の部分痩せなどしなくても、お腹はどんどん引き締まっていくのです。

どうぞ、これからは、お腹を鍛えるよりも背中を意識し姿勢をよくしてみてください。

さて、あなたは、ご自身の背中がどうなっているかじっくりと見たことがありますか？私はほとんどショック体験から美容に興味を持ちましたが、例に漏れず、背中も自分で見たとき、本当にショックを受けました。30歳のときに、ハワイのビーチで無防備にも日焼け止めクリームを塗らないで何日も肌を焼いてしまったことがあったのです。その1年後、鏡でじっくり背中を見る機会があり、日焼けの痕やシミでひどい状態になっていたのです。

自分では見えない部分だからこそ、お手入れもまめにいたしましょう。背中は念入りに洗い、背中にぶつぶつなどできていないかどうか、鏡で見る習慣を持ちましょう。ときどき、アカスリマッサージをするのもいいでしょう。別項「なめらかな肌の作り方」（P103）でもお伝えしたソルトマッサージも効果があります。ことに背中は、時折プロに任せてケアしていくのもいいですね。これからは標語のように覚えておきましょう。

お腹よりも背中！　背中を鍛えればお腹も鍛えられる！

一瞬で美人力を上げるハイヒールの威力

デニムでもハイヒールを履いただけで、一瞬にしてそのデニム姿は美しく、そして品性が漂いよそゆきに変身できます。

普段、ペッタンコ靴を履く人と、ハイヒールを履く人の下半身は、かなりの違いがあります。ハイヒールは履いただけで、脚の引き締めとヒップが一瞬でキュッ！　と上がるものです。ペッタンコ靴ばかりを日常的に履いている人の脚は、往々にして太く、ヒップも横広がりしている場合が多いです。

私の身長は１５６センチです。バランスをよく見せたいがために、普段でも必ず10センチ以上、高いときは14センチヒールで街を歩きます。もし、ハイヒールを履かなかったら私の場合は大変なことになるからです。

私は、脚が人より短いために6頭身。しかし、10センチ以上のヒールを履きますと一瞬で、７頭身くらいにまでなり、あとはメイクやアクセサリー、ファッションアイテムで目の錯覚などを用いれば、１５６センチのおチビでも8頭身に見えるくらいになるのです。

ハイヒールを履くと一瞬にして脚とお尻の形は変わります。逆に一週間履かないだけでもボディラインには違いが現れます。

私は、海外旅行ではたくさん歩くため、ペッタンコの靴で過ごします。帰国してからふくらはぎを見ましたら、見た目だけでも太くなっているのを感じ、計ってみたら、普段の1センチも太くなっていたのです。

ハイヒールは、履くだけで一瞬で美人力を上げてくれる強力な武器なのです。

しかし、中にはハイヒールにあまりいい印象を持っていない人もいます。カラダや足に負担がかかること、足の甲が固まってしまうため血流が滞るとか……確かにそういったこともあるかもしれませんが、ほとんどの場合、足に合ったハイヒールを選んでいないことと、ハイヒールでの正しい歩き方を知らないからなのです。そしてそれは日常のケアで十分に対応できるものです。まずは本当に足に合うハイヒールを見つけてください。

足に合うハイヒールを見つけるために、とことん試着してみること。買う時間帯は、むくみがでる夕方に。あとは、中敷きで調整していきます。または、負荷がかかる部分や痛くなる部分には、薬局などで売っているジェルタイプのクッションなどを貼ることで調整します。小指やつま先の部分があたり、部分的に痛くなる箇所があれば、ポイントポイントに貼れる、部分ジェルクッションがおすすめです。

また、美しいハイヒールを履いているのに、ひざが曲がりおばあちゃんのような歩き方になっている女性も見かけます。私は、ハイヒールでの正しい歩き方のトレーニングをプロから学ぶことをおすすめいたします。美しい歩き方が、一生の宝になるでしょう。

ペッタンコ靴に履き慣れてしまった方には、ハイヒールが綺麗に履けるようになるトレーニングは必須です。最初は4〜5センチのヒールからチャレンジして、少しずつ慣らしてみてください。家の中の履物でもウェッジソールでも構わないので、ヒールのある物を履いて慣れるようにしてみること。また普段の生活でもつま先立ちになって、足の裏の筋肉を鍛えておくと早い段階でハイヒールに慣れていきます。

私は家の中で、下半身のいろんな筋肉を鍛えるために、3種類の履物をランダムに履き回しています。ひとつ目は、足裏ツボの刺激をするペッタンコのもの。ふたつ目は14センチヒールのウェッジソール。3つ目はかかとの部分がないミニスリッパです。これもハイヒールを履くための普段のトレーニングになります。また、自宅でできるもうひとつのトレーニングは、椅子に座っているとき、足の指で物をつかむことです。それを繰り返していますと、ハイヒールを履くときに使う足の裏の筋肉が鍛えられます。テレビを観ながらでもできるので今から始めましょう。

足のケアは、外反母趾にならないよう、ペディキュアを塗るときに足の指を広げるグッズを使用したり、足首回しを習慣化するなどしています。

では最後にハイヒールを履くことでのメリットです。

・脚が細く長くなります
・脚がまっすぐになります
・背が高くなります
・たれたお尻が持ち上がります
・足首が細くなります
・座ったときの膝下が長くなります
・全身を縦長に美しく整えます
・小顔になります

・ウエストが３センチ細くなります
・腰高美人になります
・背中美人になります
・どこから見られてもＯＫの３６０度美人になります
・レストランでいい席に案内されます
・ワンランクアップを目指すことができます
・Ｔシャツとジーンズがよそゆきになります
・教養がにじみ出ます
・引き立ててもらえる女性になれます

（『履くだけで全身美人になる！　ハイヒール・マジック』より）

履くだけで一瞬で美人力があがるハイヒール、ぜひ試してみてください。

バスタイムは最強の美容タイム

忙しい毎日を送っていますと、美容のために時間を確保するのが、難しいという方もいらっしゃることでしょう。しかし、お風呂くらいは毎日入りますよね？　この時間をカラスの行水にしてしまうのは、とてももったいないこと。

バスタイムに、自分のカラダそのものを触って感謝の気持ちを込めて、愛《め》でてあげるなら、カラダは喜び、どんなに疲れていても、回復することでしょう。

バスタイムは最高の美容タイムです。自分を癒し、自分と向き合い気づきを得て、そこから価値を上げ、メンテナンスをする場所。それを習慣にすると、この先、精神的にも体形もさらによい方へ向かうでしょう。その時間は、ただカラダを綺麗に洗うだけではなく、まったく違う自分になれる可能性を作る時間でもあるのです。しかも、自分に手をかける、ということは、メンタルへのよい影響もあり、ひいては美にも直結してきます。なぜでしょうか？

それは、女性は時間と手をかけたことに満足感を感じる、という特性があるからです。つまりインスタント的なことには満足感をあまり感じないゆえ、こうして自分に手をかけているこ

とで自分自身が価値のある人間である、と無意識に理解するようになるのです。それらは美しさの土台となります。

こんな美容習慣を取り入れることができるでしょうか？

・ボディマッサージ
・ヘッドマッサージ
・ムダ毛の処理
・オイルでの顔コリほぐし
・腸もみ
・ひじ、ひざ、かかとの角質ケア

また、私がやっているちょっと過激な美容&健康法についてご紹介しますね。それは、お風呂上がりに頭から水シャワーを浴びること。

初めてやったときは水の冷たさで心臓が止まるかと思いました（心臓が弱い方には向きません）。しかし、その後あり得ないくらいカラダがポカポカしてきたのです。

水シャワーの効能ですが、まず自律神経のバランスを整える働きがあります。なぜ水を浴びるといいのかと申しますと、お風呂でゆっくりお湯に浸かっていると、血管は拡がっていきます。この拡がった状態の血管が、水風呂や冷水シャワーを浴びると、強い刺激を受けることになり、皮膚の血管は急激に、著しく収縮するのです。こうした血管反応が強まることにより、交感神経が刺激され、自律神経の働きが高まるそうです。

ですので、もっといいのは、繰り返すこと。

・血管を拡げる→縮める→拡げる→縮める
・お風呂→水浴び→お風呂→水浴び
・サウナ→水風呂→サウナ→水風呂
・岩盤浴→クールダウン→岩盤浴→クールダウン

頭から浴びるのにちょっと抵抗がある方は、足だけでもおすすめです。特に冷え性や最近若い女性に多い自律神経失調症の方には効果大です!

結果、毛穴もすごく引き締まって肌のキメが細かくなったような気がします。ここではバスタイムにやっている健康&美容法をご紹介しましたが、毎日入るお風呂を美容時間にしてしまえば、たまにするスペシャルケアよりもずっとずっと効果があります。

どうぞ、ご自身のペースで、好きな美容法をバスタイムに組み入れてみてくださいね。

美しさにもっともっと磨きがかかるはず。

体重よりも引き締まったカラダかどうか

女性って、体重の数字に一喜一憂しますよね。体重計に何回ものっては、1キロ増えただの500グラム減っただの……そんなのは無意味です。むしろ、体重計にのるのをやめてエクササイズを習慣にしたほうがよっぽどまし。

30歳過ぎたら、数字に振り回されるのではなく、筋肉を意識して引き締めるほうに気持ちを向けましょう。

あるふたりの女性は、47キロで同じ体重でした。身長もほぼ同じ。しかし、サイズは2サイズも違うのです。Aさんは、47キロ、服のサイズは5号です。Bさんは同じく47キロで、服のサイズは9号です。この違いって何だと思いますか？　Aさんはよく食べますが、エクササイズを習慣にしていて引き締まったカラダをしています。Bさんは、食べるのも躊躇しながら太っていることを気にしてはいますが、エクササイズはしていない。

筋肉は脂肪よりも重いのです。エクササイズを始めたばかりの頃は、筋肉がつくので体重は増えます。私もエクササイズを始めて、2週間で2キロ増えました。しかし、計測しますと、どの部分もサイズダウン。

そして、一旦筋肉がつきますと、基礎代謝率（消費するエネルギー量）が上がりますので、食べても太らない体質になっていくのです。

ですから、体重計の数字に一喜一憂するのはもうやめて、カラダを動かしましょう。

また、私はラインを整えるための底上げ的なものとして、補整下着（締め付け過ぎの補整下着は血流とリンパの流れが悪くなるので、むしろ太ります）を着用はしていますが、ここも注意が必要です。ブラジャーのサイズの項目（P111）でも述べたように、40代以降は脂肪が柔らかくなり、脂肪があるべき場所に移動するので、補整下着でナイスボディラインを作れるかもしれませんが、それでも、筋肉を鍛えずして、本当の美ボディはありえないのです。脱げば同じなのです。

脱いでもそのボディラインを保つには、筋肉しかありません。

筋肉は、何歳になってもやれば結果が現れるもの。そう。80歳になってからでも、トレーニングすれば筋肉はつくのです。

エクササイズをする時間がないほど、忙しい生活をされている方も多いと思います。しかし、時間は作り出すもの。1日たった10分の時間を作ることはできるはず。そしてそらの10分のエクササイズが歯を磨くほどの習慣になったとき、どんな変化があるでしょうか？

1日10分のエクササイズを1年続けたら、1年間で60時間以上のエクササイズの時間になります。さらに加えて、何かをやりながらのながらエクササイズを10分間加えたらどうなるでしょうか？　年間で120時間エクササイズです。それが3年たったら、360時間です。

何もやらない3年間と、360時間エクササイズをした3年間で、ボディラインに何か違いはあると思いますか？　想像しただけでその大きな違いを感じることでしょう。

私はジムには週に1回しか行っていません。家でもエクササイズをする時間はとっていないのですが、「ながらエクササイズ」をしています。歯を磨きながら下半身を鍛えます。一杯のお湯が沸く間に、二の腕の裏の筋肉を鍛えるエクササイズをやり、お風呂に入りながら腰をひねり、寝る前に、たった5分のストレッチと、背筋ローラーを5回するくらいです。時間にしたら、たったの15分程度です。でも、その15分が3年後の私を作ると信じています。

さあ、これからあなたは何をしますか？　体重計の数字で気分が下がるくらいなら、のるのをもうやめてしまいましょう。そして、ダイエット目的で食べたい物を我慢するのもやめましょう。食べてもいいのです。しかし、食べた分は何らかの形で消費する！　これを決意して、習慣化すればきっと大丈夫！　ガリガリに痩せたカラダよりも、多少ポッチャリさんでも、メリハリがあったほうがずっと魅力的ですから。

MY BEAUTY ITEM

FOR BODY

私の美容アイテム

～カラダ編～

BODY 001

下鳥養蜂園のマッサージソルト 女王乳塩《おとめおうにゅうえん》αプラス

友達の家に泊まりに行ったときにすすめられて使いはじめたのですが、今ではこのソルトの虜に。マッサージしながら使っています。ハリと弾力のあるモチモチお肌になり、乾燥が少なくなりました。¥6000／下鳥養蜂園

BODY 002

顔コリほぐしで有名なかこさんの かこのフローラルオイル

かこさんのオイルは、最初はお顔に使っていましたが、贅沢にボディに使用したら、さらにモチモチに。アロマの香りは、脳にダイレクトに伝わるので、香りを通しての癒しもあります。¥4519／かこの顔コリほぐし

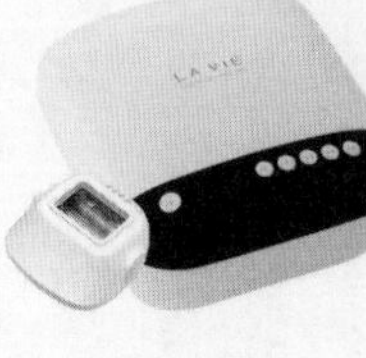

BODY 003

お家でエステ級の仕上がり! 家庭用光脱毛器　LAVIE

最初は脱毛サロンに通っていましたが、なかなか満足がいくサロンさんがなくて、リサーチしてこちらの商品に決定。脱毛できる範囲や効果もサロンさん並みの効果が。ひとりでこっそりつるぴかに。¥46667／LA VIE

BODY 004

補整下着LALAの 袖つきボディスーツ

胸のあばら骨が目立ってきたのと、ウエストのくびれが欲しくて着始めました。最初は慣れませんでしたが、今では着用しないと違和感を覚えるほど。特殊繊維が血流も促すので冷え性が改善しました。¥55000／グラント・イーワンズ

Chapter 4

美は細部に宿る

美人度は髪型で8割決まる

年を取るにつれ、髪に関する問題は非常に多くなります。1本1本の髪の毛が細くなり、毛量が少なくなります。また、頭皮のたるみにより毛穴が楕円形になり、髪にうねりが出てきます。さらには白髪も出てきます。髪の毛やヘアスタイルは、肌のお手入れと比べるとどうしても後回しになってしまうところですが、実はいちばん年齢が現れやすいところで、何も手をかけずにいると、どんどん老けて見えてくるところでもあります。夢のないことばかりでごめんなさい。しかし、それが現実。見ないふりをしたいところですが、ここはとても大切な部分ですので、しっかり読み進めてみてください。

初対面のときにいちばん目につくのは顔ではありますが、あとあとまで残る印象はヘアスタイルです。記憶に残るのも服装や顔の細かな点などではなく、大体どんな髪型をしていたか。ロングヘアの巻き髪だった、とかショートヘアで快活な感じの子、などのようにヘアスタイルというのは、その人全体の印象を決めるものとなります。

また、印象を変えるときも、髪型をチェンジするだけで本当に別人に変わることができます。

以前、私の知り合いのご夫婦でこんなことがありました。奥様は20年近くもの間、ワンレンのセミロングのおとなしめのヘアスタイルでした。何となく、ヘアスタイルを変えたいと思い、人生初の前髪を作ることに。そして、ちょっとだけ短くしたそのヘアにはゆるやかにパーマをかけ、ヘアカラーもブラウンに。

美容院を出て、ご主人との外食のために、ある場所で待ち合わせして奥様が先に到着してご主人を待っていたところ、前方からご主人が歩いてきました。ご主人は一瞬キョロキョロしましたが、奥様から少し離れたところに立って、タバコを吸い始めました。奥様がすぐ近くにいるとはまったく気づかずに……奥様はおもしろがって、ご主人に近づいて、「あの〜、すみません、今何時ですか？」と聞いたそうです。ご主人は時計を見て、「○時△分です」と答えてその目の前の女性を見た途端、ビックリ！　そして、やっと奥様の存在に気づかれたのです。ウソのような本当の話。

このエピソードからも人の印象は髪型だけでまったく別人にもなれるのでは、と思いませんか。「美人度は髪型で8割が決まる」とあるモデルさんが言っていましたが、本当に女性は髪型ひとつで変わります。

自分をどんなふうに魅せたいか、というときにいちばん早く効果的なのが髪型を変えること。女性らしいイメージにしたいのならば、ロングかセミロングのゆるふわヘアにするといいでしょう。そして、髪も明るめの色に染めてください。それだけで、あなたの印象はガラッと変わります。

よく言われる言葉として、「髪型は顔の額縁である」というのがあります。絵も額縁が変わるだけで、まったく違った絵に見えるものです。ちょっと華やかに美人に魅せたいなら、ゴージャスな額縁にするだけで、全体の雰囲気まで変えてしまいます。

さて、40代にもなりますと、髪のボリュームがなくなってきてトップがぺたんこになり、年齢がどうしても出てしまいます。**すぐにでも若々しく見せるためには、「トップにボリュームを持ってくること」と、「髪の艶」がポイントになります。**

美容師さんに相談して、トップにボリュームが出やすい髪型にしてもらい、ブローなどの方法も教えてもらってください。例えば、ドライヤーをかけるときにトップの部分は頭を逆さにして乾かすとか、持ち上げて内側から乾かして毛を立たせるようにすると髪がフワッとします。また、分け目も重要。何年も変えない人がいらっしゃいますが、**同じ分け目でずっといるとそこの髪の毛が薄くなってしまうので頻繁に変えましょう。私は3日に1度分け目を変えています。**

髪の艶に関しては、美容院でときどきヘアパックをお願いしたり、毎日のセルフケアでは、コンディショナーよりもトリートメントやヘアパックなどでもケアしましょう。例えば、湯船につかっているとき、トリートメントを塗った髪にホットタオルを巻いてシャワーキャップをかぶるなどして、少しの時間放置してみてください。髪に栄養が行き渡り、艶が出ます。

また最近では、髪に何もつけなくても、特殊な機能がついたドライヤーが売られていて、それで乾かすだけで直接、細胞（分子）が活性化されつやつやピカピカになったりします。私はもっぱら髪の艶出しはそのようなドライヤーでしています。

侮るなかれ、髪型と髪質。これだけで美人度はいっきにあがるものなのです。

年齢を重ねてからのロングヘアは、特にこの髪質や髪型に注意が必要。言葉はキツいかもしれませんが、手入れのされていないロングヘアは、必死感というか、〝女性性〟を手放したくないという執着が見え隠れ……もちろん手入れされていれば、そんなふうには見えませんので、しっかりケアをしていきたいですね。

「プラシーボ効果」の威力

「女優の○○さんが使っている美容液を私も使っているからきっと綺麗になれるはず」との思い込みで使い続けて、本当に綺麗になる人、結構いるはずです。**なぜなら、人は思い込むことで体調も内臓の状態も影響を受けるものだから。**

「プラシーボ効果」という言葉を聞いたことがありますか？　「プラシーボ」とは偽薬のこと。たとえて言うなら、末期のガン患者に「ガンを退治する新薬ができました！　これを飲めば大丈夫です」と医師から手渡された薬を心から信じて飲んだら、ガンが消えた、という効果。その渡された薬は新薬でも何でもなくただのビタミン剤だったとしても、プラシーボ効果によってガンを克服するのです。

また、痛みを訴える人に鎮痛剤ではない薬を渡して、「これは痛み止めです」と言った実験の結果、30パーセント程の人に効果があった、と報告があります。3割の人に効果があったなんて、驚くほど高い数字ではないでしょうか。

実は、これは美容に関しても同じです。信じてやるのと、疑ってやるのとではまったく効果

が違うのです。思い込みというのは現実を変える力があります。それは、私たちの細胞や、もっと言えばカラダを構成している原子レベルで変化を起こすものだからです。

ちょっとだけ物理の話をしますと、すべての物質にはそこに人の意識を向けた途端、現象化（現実になる）する、という特徴があるそうです。これは、自分が「どうなりたいか？」に意識を向けるのと同じです。「この美容液を使ったら綺麗になる」というふうに意識を向けたものは、細胞レベル、素粒子レベルでその「綺麗になる」を現実化しようとするのです。

ですから、大いに思い込んで、これには効果がある！　と暗示をかけながら使用するのはよいことでしょう。

しかしながら、このプラシーボ効果は逆にも働くので要注意です。例えば、今、目の前にあるこのケーキには、白砂糖をたっぷり使っているから頭にも悪いし、さらにトランス脂肪酸であるマーガリンをたっぷり使っているから、心臓病になっちゃうかも……さらにさらに、漂白された小麦粉だし、もう、このケーキは毒よ！　毒ぅぅぅーっ！　ついでにデブるぅぅぅっ！

……なんて、本気で思って食べてしまいますと、その情報は潜在意識や脳にいき、カラダ全体が本当に具合が悪くなるように指示してしまう危険性があります。「私、水を飲んでも太るのよ」というのも自己暗示です。これも効果を発揮してしまいます。水どころか空気を吸っても太ることでしょう。暗示の効果は大きいのです。

そういう害悪を考えるよりも、せっかくいただくのなら、おいしく楽しくハッピーに食べたほうが健康的です。かといって添加物、化学物質など、いろんな悪いものをあまりにも気にしないで口にしてしまうのもどうかと思うのですが、ただ、気にし過ぎは、プラシーボ効果が逆に働いてしまい、寿命が縮まります。

実は私、数年前からずっとやっていることがあります。「私、食べれば食べるほど痩せちゃうのよね」と言いながら食べると太らない。

私は、執筆が夜中になって、とんでもなくお腹が減り、時間なんて関係なしに食べることもあるのですが、今のところ太る傾向はなく効果大だと思っています。これも一種の思い込みダイエット。信じた人だけに効果が現れるプラシーボ効果なのです。

せっかくの美容アイテム、「本当に効果あるの?」と疑うよりも信じて使って効果が出たほうがいいですよね。

ネイルアートはあくまで脇役に

2000年の初めぐらいから、日本にも「ジェルネイル」という特殊なジェルを爪に塗って硬化させる剝げないネイルが入ってきました。今では多くの女性たちがネイルアートを楽しむ時代です。お米をといでも剝げないネイル。本当に画期的！

それに伴い、セルフジェルネイルが家でもできるキットが売られるようになり、ますます女性の間ではネイル熱が高まっています。

2013年のネイルに関する10代～60代の女性へのネット調査では、約25パーセントの人々がネイルアートやジェルネイルをしている、という調査結果があります。

爪への関心がまだまだ低いと取るか、意外に結構浸透していると取るかはまた自由な観点ではありますが、昔と比べたら多くの女性がネイルをファッションアイテムのひとつとして見ている、というのがわかります。

ネイルの好みは千差万別です。お国によっても好まれる傾向が違いますし、個人の差もあります。

例えば、アメリカの女性たちは、ネイルアートで自分の個性をアピールするのに対して、ヨーロッパの女性たちは、どちらかというと爪は短めに整えて、仕上げのネイルもナチュラルな色を選ぶ方が多いようです。

主人公は爪ではありません。ネイルアートは、あくまでも手全体を美しく魅せるためのジュエリーなのです。

そういう意味では、私自身が推奨するネイルの美学もヨーロッパ流です。つまりネイルの役割は、「爪をよく魅せるためではなく、指先から手の甲までの全体を美しく魅せるため」。そのために、品が漂う色味やネイルアートであることが大前提なのです。

それは、年齢を重ねてからの指輪の役目と似ています。年を重ねれば重ねるほど、指輪の石は大きいほうがいいとされています。それは経済的な余裕の反映であるかもしれませんが、何よりも、手のほぼ中央に位置する指輪の美しいきらびやかな石が、手の老化から目をそらしてくれるからなのです。

ネイルの場合は、派手にすればするほど、先端の爪先に目がいき、その爪の延長線上にある手の甲にも目がいってしまうものです。ですから、指輪は派手にしたとしても、ネイルは肌の色味にあった上品なもののほうが、手全体が美しく見えます。特に、ピンクベージュ系や、フレンチネイルなどがおすすめ。爪をある程度短くして、完全に透明無色のベースコートなどを塗るのでも、むしろゴテゴテと飾り立てるより、手全体で見ると清潔感があって美しく見えます。

私がネイルでお手本にしている美容家さんは、自分の爪が大きいことにコンプレックスをもっていたそうで、爪が目立つような赤などを避けているとのことでした。それで、いつも地肌の色に近いヌーディーなピンクベージュや、または爪先が白いフレンチネイルをしていらっしゃるようですが、どのネイルも本当に品があって美しいです。

10代、20代では、ハデハデのかわいいものなどを楽しむのもありだと思います。しかし、30代以降は、大人の女性としての美しさを意識しましょう。盛り過ぎハデ過ぎがんばり過ぎは、逆に品性を失わせるものとなります。

人は自然な姿を美しく感じるものです。手の甲は自然に老化した部位になるかもしれませんが、無理やり若く見せようとするのではなく自分の肌にあった自然に馴染むネイルカラーが美しさと品性を漂わせます。

また結婚前の女性で男性の視線を意識している方であれば、ちょっと気にしたほうがいいことがあります。ある調査では男性の7割がネイルアートを嫌いである、という結果が出ています。なぜかというと、「家事ができなそう、浪費を想像させる」というネガティブイメージが先行してしまうそうです。

せっかくお金と時間をかけてゴージャスなネイルアートをしても、男性ウケは期待できないということもあるのです。派手なネイルアートは、ほぼ自己満足か女性同士のネタのひとつと割り切ったほうがいいかもしれません。

ネイルに関しては、爪先だけを見るのではなく、手全体の美しさを考えるといいでしょう。あなたがいちばん美しく見えるネイルはどんなものでしょうか?

香水は漂わせるもの

挽きたての珈琲の香り、アロマディフューザーから香る心地いいアロマ、洗い立てのバスタオルに顔を埋めたときの、太陽の香り……。

香りというのは、私たちの人生を豊かにするのに大切な役目があります。そして、香りは私たちの気持ちにも、とても強い影響を与えます。そこで、この項目では美人度が上がる香水について取り上げますね。

実は、私はこれまで、香水が苦手でした。しかしユニセックスの香水は別で、心地よくさわやかな気分になることができるので使っています。男性用の香水なのに、なぜかそれをつけると女性らしさがアップするような気にもなります。つけると美意識が上がる、そんな気持ちにさせてくれる香りです。

香りというものはダイレクトに人の記憶に残るものです。例えば、子どもの頃に嗅いでいた甘いお菓子の香り、またはお母さんの化粧水の香り、夏休みの合宿で嗅いだ蚊取り線香の匂い……。その香りを嗅いだだけで、一気にタイムスリップしてそのときの体験を思い出すほど、香りというのは強力な印象になるのです。つまり、あなたの印象をさらによくし、記憶に残すための強い味方になってくれるものになることでしょう。

ちょっとプチ情報を。なぜ香りがこんなにも強い印象を残すかというと、視覚情報や聴覚情報は、あなた自身の脳のフィルターを一旦通して、取り入れるもの、取り入れないもの、というふうに分けて記憶しているからです。しかし、嗅覚情報はそれができず、振り分けられないままダイレクトに脳に届き、何のデフォルメ（歪曲）もされず、素直にそのまま入ってくる情報なのです。

ですから、あなたからいい香りが漂っていれば、人はその香りをキャッチして良いイメージとして、記憶にもそのまま残るというわけなのです。

美しい人というのは、往々にしていい香りが漂っています。匂いがする、というものではなく、匂うかどうかわからないくらい、それが漂っている、ということ。つまり、香らせようとしているのではなくて、いつの間にか自分の持つ本来の香りと相まって、その人特有の香りをいつの間にか漂わせている、とでも言ったらいいでしょうか？　そして、美しい女性は、香水はほんのちょっとしか使いません。

ここで、「匂う香水」のつけ方ではなく、「漂う香水」のつけ方をお伝えいたしましょう。

一般的には、手首とか耳の後ろとかにつける、とされていますが、私のような匂いに敏感な人もたくさんいますから、つけ方は要注意です。しかも、レストランや他の人々がたくさんいるような場所ではマナーも大切ですからT・P・Oもわきまえたいものですね。レストランなどで香水がプンプンと匂ってくるだけで、食事もおいしくなくなりますし、満員電車でそのような人が近くにいると具合が悪くなる人も多いでしょう。

そのような品位に欠ける人にならないためにも、デイリーで香水をつけるときのおすすめ場所は、腰より下です。

私のお気に入りの香水のつけ方は、手を前にのばして腰から30〜50センチくらい離れたところで2、3プッシュした後に、その前を通り過ぎるだけ。香りはそんなに強くは残りません。通り過ぎるたびに、「ん？　この香りどこから漂っているの？」と思われるくらい微香にはなりますが、香りが心地よく漂うにはこれくらいがいいと思っています。

香水初心者はこれくらいが違和感なく始められるでしょう。そして、いつの間にかその香りが自分の一部になって、香水をつけていない日は、何か物足りないようにもなってくるはず。これはまるで香りのベールをまとうような感じです。

香水の楽しみ方は、ガラスのボトルの美しさにもあります。女性は、美しいものが好きですよね。美しいボトルを見ていて優しい気持ちになったり、美意識が上がったりすることにもなります。大好きな香りで、その香りを嗅ぐと気分があがる、そんな香水に出会えるといいですね。いろんな香水を少しずつ試してみて、「これだ！」というものを見つけてみましょう。それがあなたを現す香りになるのかもしれません。そんなお気に入りの香水を見つけてください。

実は一瞬で女性性が上がる香りがあります。それはバラの香りです。積極的にバラの香りを生活に取り入れてください。例えば、家に生花を定期的に飾ったり、ルームフレグランスなど、カラダにつけるもの以外でも試してみてください。バラの香りは、女性ホルモンが整うといわれているので、女性らしさがアップするだけでなく、メンタルの安定にもつながるでしょう。

ちなみにシャネルの香水は数々の大女優に愛されてきましたが、ココシャネルは香水に関してこんな格言を残しています。

「香水をつけない女性に未来はない」

それくらい、香りは美しくなるのに大切なもの。つけるだけであなたの美しさが何割もアップするのです。

「キラキラ」が心に与えるもの

初対面の女性で、「なんかキラキラしている」人と、「ちょっと暗いな〜」という人がいますよね。または、自分で「なんだか私、輝いていないな……」、そんな自覚がおありの方、いらっしゃいますか？

「輝きたい！」と思ってはいても、どうやったらいいかわからないし、「変わりたい！」と思ってはいても、変われない、そしてどちらかというとネガティブだし……という方に、実践してほしい事柄があります。

まず、暗い方には共通点があります。性格の共通点は、まずはおいておいて、外見的な要素での共通点があります。それは……。

・光り物をつけていない
・暗い服の着用が多い

ちょっと想像してほしいのですが、すごく根暗な人が、胸元にキラキラのスワロフスキーや、はたまたダイヤモンドを身につけて輝いていたとしたら、その人の第一印象を暗い人と判断できるでしょうか？　人はまず輝いているところに目が奪われるので、あまり暗い人には見えないものです。

ネガティブ、暗い、変わりたいのに変われない、または、運気が低迷している気がする……そんな方は、**まずは光り物をありとあらゆるところにつけてみてください。**

イヤリングやピアス、ネックレス、ブレスレット、指輪。とにかくアクセサリーというもの全部をつけてみてください。本物のダイヤモンドならなおいいですが、この際、別に本物にこだわることはありません。まずはコスチュームジュエリーでもOK。ジルコニアでも、スワロフスキー、何でもOK。とにかく輝くアクセサリーを、明日から全部つけてみて。持っていない人は、この機会に買ってみてください。**それだけで、気分が違うだけでなく、光を取り込むので、運気だってよくなります。**

また、今日から着る服は黒やグレー、モスグリーンなどの暗めな色はなしにして、明るい色を着用してみてください。鏡を見て、耳元で揺れるピアスやイヤリングを見たり、自分の胸元でキラキラしているネックレスや、着ている洋服の明るい色を見ると、それらが視覚情報としてメンタルに影響を与えます。

簡単じゃないですか。毎日アクセサリーをつけるくらい。ぜひ試してみてください。

アクセサリーを身につける心地よさがわかったら、少しずつお金を貯めてひとつずつ、本物のジュエリーを買ってみてください。30代、40代になったら、フェイクばかりではなく、どれかひとつは本物を身につけるようにしましょう。

特におすすめは、やはり女性の永遠の憧れダイヤモンドを身につけること。ダイヤモンドは最強のパワーストーンです。パワーストーンはバイブレーションメディスンとも言われていて私たちにさまざまな効果効能をもたらします。例えば、ダイヤモンドの効能には次のようなことがあると言われています。

「（略）強力な波動で富や愛、必要な人間関係など多くのものを引き寄せます。エネルギーを増幅させるとても強力なパワーがあり、周囲のあらゆるエネルギーを吸収し、増大させて持ち主に影響を与えます」（『幸運を引き寄せるパワーストーン辞典』より）

ダイヤモンドは美容にもいいのです。お金を貯めて、自分のご褒美としてもいいでしょうし、既婚者の奥さまであれば、婚約指輪をもっていらっしゃる方も多いはず。せっかくの指輪がタンスの肥やし状態になっていませんか？　そんな状態ではダイヤモンドがかわいそう。せっかくの最強のパワーストーンを持っているのなら、普段使いにして、毎日使ってあげてください。立て爪で使いづらい、というなら、この際、使いやすくリフォームして、ご主人が買ってくれたダイヤモンドを毎日かわいがってみてください。

人は簡単に物質に同調する、という特徴があります。輝きに接すれば、輝きます。明るい色を見れば、明るい気持ちになるのです。人って意外と単純でその気さえあれば変われるもの。どうぞお試しください。**最初は内面からの輝きじゃなくても、光の波動はやはり強くて、あなたもそのキラキラに共鳴するようになり、明るくなれます。**

ペディキュアは赤！

数年ぶりに、マニキュアを買いました。と言っても、ネイルもペディキュアもネイリストさんにお願いしているのですが、最近はジェルネイルではなく、普通のマニキュアで塗ってもらい、3週間おきに変えています。では、なぜ、マニキュアを買ったかと申しますと、3週間の間に、ちょっと剝げたり、欠けたりしたところを自分でチョチョイのチョイで直すためです。ペディキュアが剝げているだけで、何となく清潔感がないものです。剝げるくらいなら、つけないほうがいいかな、と。

そして、おすすめはペディキュアは真っ赤を塗るということ。

大人の色気を含んだ真っ赤な色が、足の先端にあると自分のカラダの細部まで神経が行き渡っているような印象を与えます。自分のこの真っ赤な爪先を見るだけで美意識が上がる感覚にもなるものです。また、赤いペディキュアは、足の甲を本当に美しく魅せ、多少の難を隠してくれます。濃い赤が肌に映えて、肌が白っぽく綺麗に見えるのです。

先の章でも再三申し上げましたが、40歳を過ぎたら、特に品を重視すること。そして、内側では女性ホルモンが枯渇していっているかもしれませんが、だからこそ、それらを補うために、どこかに女性らしさと色気を意識してほしいと思います。

それが、香水だったり、普段は見えない隠れた部分であるペディキュアに現れるのです。ペディキュアに関しては、いつの季節であろうがちゃんと手入れすること。本当の美意識とは、こういう隠れた部分に現れるものなのです。

ぜひ、ペディキュアを冬でも欠かさずに塗ってみてください。誰に見られるわけでもないかもしれませんが、自分のためになります。手入れをいつもしっかりすることで、自分を大切に扱っているような気持ちになり、メンタルにもよい影響があるのです。

足のお手入れに関しては、この季節こそは重点的に、というのはありません。春夏はサンダルで爪先があらわになりますし、そして秋冬は乾燥の季節ですから、やはりお手入れが必要。

また、足の指はネイルのキューティクルオイルを毎日のお風呂上がりに塗ってみてください。爪が本当に健康になります。

そして、ペディキュアの塗り方ですが、最近は、速乾のマニキュアがほとんどですから、テレビを見ながら、読書をしながら、そんな「ながら作業」でもできてしまいます。いちばんもちがいい塗り方は、面倒ではありますが、次の方法です。

①クリア（透明）のベースを塗る
②マニキュアを1度塗り
③2度塗り
④クリア（透明）のトップコートを塗って完成

この塗り方ですと、3～4週間もキープできます。注意点としては、マニュキアは体温が高いと乾きにくいので、お風呂上がりには塗らないことです。塗った後に熱を加えると、よれることがありますので。

美は細部と先端に宿る

お店で買い物をしたとき、店員という立場で、いちばん指先が目立つ職業だというのに、爪の先のマニキュアが剝げている女性をときどき見かけます。お客様からお金を預かり、おつりを渡したりする際に、目につくのは指先。

残念なことに、**どんなに美しい女性でも、たった数本の爪先が剝げているだけで、全体がだらしない印象に見えてしまうもの。**そういう意味では、美しくあるためにはカラダの先端や細部を意識していなければならないものなのです。

マニキュアが剝げていることを例にしましたが、剝げるのを放置するくらいなら、しないほうがいいのです。

また女性の武器であるハイヒール。美しさと色気の象徴でもありますが、ヒールの部分がめくれているだけで、いくら上質で高い美しいハイヒールであっても、それだけで、一気に興ざめする、という男性もいます。修理に出すか、お別れする潮時でしょう。

以前、買ったばかりのお気に入りのハイヒールを履いて、もうワクワクの気持ちで颯爽《さっそう》と歩いていました。ところが、家からでて5分も経たないうちに、側溝にパンプスのヒールの部分を落としてしまいました。もう気分は「ギャーーッ！」。いや、本当に声を上げていたかもしれません……。

傷がついてしまったヒールが気になって、その日は1日憂鬱《ゆううつ》になったのを思い出します。その痛い経験から、ハイヒールを履いたときは、歩き方にまで神経を使い、細心の注意を払うようになりました。それ以来、側溝にヒールを落としていません。こういうところから美は始まるのだな、と思った経験でした。

また、いくらヘアスタイルを決めて、メイクをバッチリしていても、毛玉がついたニットやジャケットを着ていたら、それだけで、全部がマイナスに見えてしまうことがあります。

上質なニットであっても、毛玉になりやすいタイプのものがあります。そうした洋服は、自分のカラダと同じくらい、丁寧にケアして、毛玉取り器やもしくは、ハサミで毛玉を切る、ということも忘れないでください。

また、前出の項目でも取り上げましたが、先端という意味では、毛先も気を遣いたい部分です。特にロングヘアですと、長い間、そう、考えてみたらロングになるまでの期間、太陽の紫外線にさらされ、乾燥の中に置かれ、暑さ寒さに耐えてきているわけですから、必要以上に毛先の部分はスペシャルケアが必要です。あなたの毛先は枝毛になっていませんか？　パサパサしていませんか？　ヘアの先端は意外に目立つものなのです。

そして、細かい点を言えば、日常生活でフルに使っている、コスメポーチやファンデーションのケースやアイシャドウのケースなども、粉がたくさんついて汚れてはいないでしょうか？　特にファンデーションのケースは周りにファンデーションがこびりついてしまい、汚くなってしまいます。

ぜひ、自分の外見に手を掛けるのと同じくらい、こういう小物たちにも気を配ってみてください。

このような小さなところに、その人の本質が出てくるもの。美は細部に宿るものなのです。

完璧を目指さなくても大丈夫。まずは、先端と細部をちょっと気にするだけで、今までより意識がそちらに向くようになり、定着した美意識のある習慣が無意識にできるようになっていくものですから。

ファッションモデルにロングヘアが多い理由

いい女の象徴、ロングヘア。ファッションモデルをはじめ、素敵な女性の多くはロングヘアの方が多いと思いませんか？

実は私も数年前はバストトップ位までのゆるふわロングヘアでした。そのときはスーツを着ることが多かったので、華やかさがほしいと思い、ロングにしていました。

しかし、あるとき、美容師さんに言われたのです。「全体のバランスがよくないので、もうちょっと短いほうがいいですよ」と。私の身長は156センチですから、全体のバランスを考えると、ショートかセミロングくらいが似合う、とのこと。ロングにしたい場合であれば、長くても、鎖骨よりもちょっと長いくらいでとどめていたほうが、スタイルがよく見える、とアドバイスをいただきました。

それで、昨年、思い切ってセミロングにし、その後ショートにしました。すると、小顔効果もあり、スタイルがよく見えるようになり、周りからの評判もよかったのです。それまでは、何を着ても、全体がもたついていた、というか重いというか（そんなに顔が大きいわけではないと思うのですが）、とにかく顔が大きく見えていたのです。
髪の長さがいかに全体のバランスに関係するのかがわかった瞬間でした。

もう、モデルさんにロングヘアスタイルの人が多い大きな理由がおわかりですよね。モデルさんの平均身長は170センチ以上。日本の雑誌のモデルさんですと、170センチ以下の女性もいますが、そのほとんどはロングヘア。それもそのはず。その身長ですと、ロングヘアがバランス的にも丁度いいからです。

海外のショーモデルになりますと、身長175センチ以上のショートヘアの人も多いですが、それは人間離れしたようなイメージで、長身と小顔がより強調されるからでしょう。

こうして考えてみますと、髪の長さひとつで小顔に見えたり、顔が大きく見えたり、重く見えたり、軽快に見えたりするもの。さて、この機会に全体のバランスを考えてみましょう。

目安となる髪の長さは次の通りです。

・150センチ以下……ベリーショート、ショート、あごライン～首まで、ボブ

・155～160センチ……ショート、ボブ、セミロング、ロングでもバストトップまで
・160～165センチ……セミロング、ロングヘア（ブラのアンダーの長さまで）
・170センチ以上……ロングヘア（身長の3分の1の長さまで）

しかし、これは完全に目安でして、さらに顔の形によってはストレートが似合うとか、ゆるく巻いたほうが似合うとか、いろいろあります。身長が低くてもロングにしたい方はいらっしゃるはず。その場合は、洋服やファッションアイテム、またはハイヒールなどで調整しながらバランスを取りましょう。

決め手は、全身のバランスなのです。あなたが最も似合うヘアスタイルはどんなものでしょう？　そして、もし長年同じヘアスタイルでいるのなら、勇気を出して、美容師さんにお任せしてみませんか？　あなたにとっていちばん似合う髪型を提案してくれることでしょう。

本当に美しくなる3つの秘訣

「外見は内面に影響し、内面は外見に反映される」

私は、このことを2006年くらいからずっと感じていて、その年から内外共に美しくなる、というコンセプトを元に「美人になる方法」というブログを立ち上げ、毎日書き続けてきて、約8年になります。

その間、たくさんの女性たちを前にセミナーを行なったり、コーチングでは何百人ものクライアントさんと、3ヶ月間パートナーとして走り続け、彼女たちの変化や成長を見てきました。

ですから、内面の変化が外見美にまで大きな影響を及ぼすものであることはたくさんの受講者やクライアントの変化からわかります。

実のところ私自身も、30代初めの頃は、心がひどく疲れ病んでいました。その頃の私は、離婚したばかり。お金がなく借金もありました。さらに悪いことは続くもので、その後、運命の人だと思っていた人と結婚の約束までしていましたがお別れをし、職を失い、目の前が真っ暗な状態。精神的にも金銭的にも苦しかったために、30代前半という若さなのにもかかわらず、外見はとても老けていたのです。あれから17年経って、今の自分とその頃の写真を比べてみると、今のほうが確実に若く見えます。

若さが重要なわけではありません。若々しくいられることと健康的な美しさが女性には必要なのです。

では、本当に美しくなるためには何が必要なのでしょうか？

ここまでのところでは、具体的な美容メソッドや美意識を中心にお伝えしてきましたが、本当の意味で美しくなるには、もっともっと大切なことがあります。

まずひとつ目は、「自分を愛していること」。

1章でも詳しく扱いましたが、愛していない自分に手をかけ続けてあげるのは難しいです。美容は自分をよくしたいからするもので、自分を愛しているからこそできることなのです。

自分を愛しているならば、自分をいじめたりしません。「目が細くて不細工だ」とか「太っていて醜い」とか「できない自分はダメだ」などのように、自分をいじめ続けていると、脳内にそれらのネガティブキーワードがインプットされてしまい、脳内であなたの言葉が繰り返されます。

「不細工だ」「醜い」「ダメだ」……、こんな言葉を繰り返していれば、脳はそうなるようにカラダに指令します。こうしたネガティブワードを自分に言うのは、もう一切やめましょう。

では、本当に美しくなるのに必要なことのふたつ目は……、

「自信を持つこと」

ミスユニバースのファイナリストの映像などをご覧になったことはありますか？　彼女たちの自信に満ちた目力、表情、姿勢――、カラダ全体から自信が満ちあふれていて、それらがオーラとなってみなぎっています。

一般の私たちは、そのような立場になることはなくても、自信を持つ、ということがとても大切になります。内側から自信を持つのは、少し時間がかかるかもしれませんが、手っ取り早く自信を持つためには、外見を変えることなのです。**内面と外見は相互で作用し合いますから、外側を綺麗にし、魅力的にすることで、内側の自信が構築されていきます。**

例えば、一重まぶたでずっと悩んでいた女性が、二重まぶたにしただけで、性格まで変わって明るくなった、という話を耳にしたり、身近でそういう女性を見たことがあるかもしれません。周りからすれば、ほんのちょっとの違いなのに、本人は内面まで変わったのです。ですので、本書の内容で、自分でピンときたものから挑戦してみてください。外見が変わっただけで、内側からの自信がオーラとして発揮されるようになることでしょう。

さて、最後に本当に美しくなるのに必要なこととは……、

「満たされ感を持つこと」

心もカラダも満たされない、という感覚はある意味、欠乏感になり、フラストレーション、ストレスとなることでしょう。常にバランスよく満たされている女性は、内面から発する外見美につながっていきます。この満たされ感というのは、表情に特に現れるものです。

例えば、いつも機嫌がいい女性と、いつも眉間にシワが寄って不機嫌そうな顔をしている女性は、すぐに見分けることができるでしょう。満たされているかどうかというのは、

誰にでも見分けることができる外見的要素となるのです。

私のブログの読者さんからこんな質問が寄せられました。

「私は容姿が悪く、それに掛けるお金もありません。結婚もできなかったので、家族もいません。友達もほとんどいません。こんな状態で、私にはこの先、満足のいく人生があるようには思えないのですが、どう思いますか？」と。

この質問を読んでみただけでおわかりの通り、「ありません」「できなかった」「いません」「思えません」の〝ないない思考〟なのです。これでは外見も内面もどんどん不細工の方向にいきそうです。

ここでおすすめが、逆の思考の〝あるある思考〟にシフトチェンジすること。日本に住んでいる限り、何もないなんて言わせませんよ。幸いなことに私たちはたくさんのものを持っているのです。その日、自分が得られているものに目を留めるだけで、どんなに自分が満たされているかがよくわかります。

このブログ読者さんも私にメッセージが送れるということは、携帯かパソコンを持っている、ということですよね。生きている、ということは、お金があって、食事も取れている証拠ですよね。

そんな今まで当たり前だと思っていたことに目を向け自分の環境に感謝し、幸せなことがたくさんあることに目を向けて、小さな幸せにも大きくフォーカスして「自分は満たされているんだ！」と思えたとき、そのときこそが美しさに反映されていくのです。

最後に、本書のまとめとして私が提案する「美人の十戒」を。少しずつでよいので、意識して暮らしていただければと思います。

美人の十戒

一、自分を否定しないでほめてあげて　もっと輝くから
二、肌触りのいい素材は、柔らかな肌をつくる
三、笑顔は七難を隠す
四、手放しなさい　怠惰と贅肉
五、最上級の女の美しさは、優しい心根と大きな器
六、ハイヒール、香水、レースの下着、宝石、それらは美人の底上げツール
七、色気は出すものではなく、出てしまうもの
八、すべての物を大切な人のように扱う
九、花を愛《め》でる……それだけで2割は綺麗になる
十、知性と感性と品性　それは大人の女性の美しさ

MY BEAUTY ITEM

OTHER

私の美容アイテム

〜その他〜

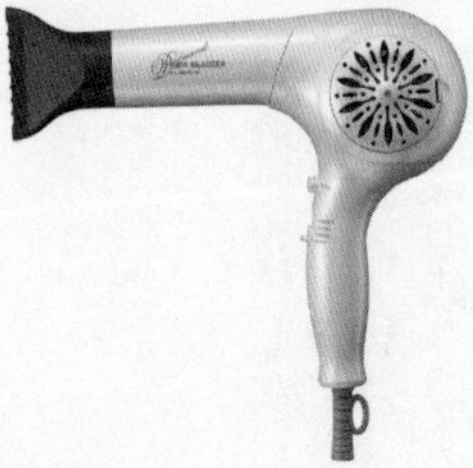

OTHER 001

バイオプログラミング技術で 髪ツヤツヤ！ ヘアビューザー

友達の美容師さんからのおすすめで使い始めました。特殊セラミックスの効果で、その髪が持つ最高の状態に仕上げてくれます。「髪ツヤツヤですね」と言われることが多くなりました。¥20000／リュミエリーナ

OTHER 002

ユニセックスのオーデコロン アニック グタール オーダドリアン

個人的な好みとして、女性らしいフローラルの香りが苦手で、長年香水は使っていませんでした。でもユニセックスだと気持ちまで爽やかに。香水は性格に合わせてもいいのです。(200ml) ¥27600／ブルーベル・ジャパン

OTHER 003

愛用のキラキラアイテム スワロフスキー!

スワロフスキー社の商品を身に着けてからは、他のコスチュームジュエリーは使えなくなりました。作りがしっかりしていて、存在感があって、輝きが違います。トレンドも取り入れていて一瞬で気持ちも明るくなります。／私物

OTHER 004

私のカラダの一部 毎日履くハイヒール靴

私が持っている靴の95%はハイヒールです。ハイヒールを履くと、瞬時に脚が細くなりヒップアップ効果も期待でき、もうヒールがない靴は履けません……。一生ハイヒールを履けるカラダ作りにも励んでいます。／私物

おわりに

「美しくない女性はいない」、これは、真実です。

女性が美しいということは、周りの人々の幸せにつながります。なぜなら、人間は、美しいものが基本的に好きだから。かわいい猫や犬を見て、心がふにゃ〜となったり、腸がねじれるくらい、萌えるような感覚がありますよね？　かわいい猫や犬は、その存在だけで周りの人々を癒しているのです。

美しい女性も同じ。

美しい女性は、そこに存在して笑顔でいるだけで、それを見た、まったく見ず知らずの人でさえ癒されたり、目の保養だった〜、なんて、感じている人もいるかもしれません（私もかっこいい男性、美しい女性を見ると目の保養だと思います）。

会社で働く人も、社内に美しい人がいるだけで、仕事の励みになるはずです。家族の中に、美しい妻がいたら、夫は家に帰ってきたとき疲れが取れます。お母さんが美しいと、子どもは自慢です。我が子が美しいと、親もまた嬉しいものなのです。

女性が美しいって、いいことだらけなわけです。

ここでいう、「美しい」というのは、容姿が整った美しさオンリーではありません。自分への手のかけ方、魅せ方、そして、美意識があれば、女性は誰だって何歳からだって美しくなれるものなのです。せっかく女性に生まれたのだから、その神様からの預かり物の器（カラダ）を、綺麗に整えて、大切に扱いましょう。今日から、どんな小さなことでもいいので、美意識と美容の習慣を持ってください。心地よく過ごせることでしょう。

最後に、こうして、また世に本を送り出すことができました。編集者の三宅花奈さんとのご縁は、私にとって宝物となりました。心より感謝申し上げます。

また、私をいつも支えて、応援してくださっているブログや本の読者の皆さんには、言葉では言い表せないほど感謝しております。今の私があるのはまぎれもなく皆さんのおかげです。心よりお礼申し上げます。そして皆さんが、これからもますます心身共に輝き、女性としての喜びすべてを感じながら、有意義な人生を歩まれますことを心よりお祈りしております。

２０１４年７月　感謝と共に　ワタナベ薫

Book design

橘田浩志（attik）

Illustrator

スティナ・パーソン（cwctokyo）

Photo

©Shutterstock（P002〜003、P006）

©Aflo（P004〜005、P007）

Beauty Item Shop List

・アイホワイト……http://www.i-white.jp/

・かこの顔コリほぐし……http://kakoface.com/

・グラント・イーワンズ……☎0776-26-2800

・下鳥養蜂園……☎0287-23-3838（代）

・フィネス……📞0120-129-129

・フィリップスお客様情報センター……☎0570-07-6666

・ブルーベル・ジャパン……☎03-5413-1070

・LA VIE……📞0120-19-1991

・リュミエリーナ……☎03-3569-0811

・ルーヴルドージャパン……☎06-6365-0365

参考文献

・『プレジデント』2012年11/12号（プレジデント社）

・『履くだけで全身美人になる！　ハイヒール・マジック』マダム由美子（講談社）

・『幸運を引き寄せるパワーストーン辞典』CR&LF研究所（毎日コミュニケーションズ）

※本書に掲載している情報は、2014年7月時点のものです。商品の価格などは変更になる場合があります。

※価格はすべて税抜きです。

※Beauty Item Shop Listには著者の私物は表記しておりません。

※美容に関する効果や効能には個人差があります。

美人は「習慣」で作られる。

2014年7月25日　第1刷発行
2014年8月5日　第3刷発行

著者　ワタナベ薫

発行者 見城 徹

発行所 株式会社 幻冬舎
〒151-0051 東京都渋谷区千駄ヶ谷4-9-7
電話　03(5411)6211(編集)
03(5411)6222(営業)
振替　00120-8-767643
印刷・製本所　図書印刷株式会社

検印廃止

ISBN978-4-344-02609-4 C0095

幻冬舎ホームページアドレス　http://www.gentosha.co.jp/
この本に関するご意見・ご感想をメールでお寄せいただく場合は、comment@gentosha.co.jpまで。